商标律师如是说

赵虎——著

知识产权出版社
全国百佳图书出版单位

图书在版编目（CIP）数据

商标律师如是说 / 赵虎著. —北京：知识产权出版社，2019.4
ISBN 978-7-5130-6128-5

Ⅰ.①商… Ⅱ.①赵… Ⅲ.①商标法—案例—中国 Ⅳ.①D923.435

中国版本图书馆CIP数据核字（2019）第038330号

责任编辑：刘　睿　刘　江　　　　　责任校对：王　岩
封面设计：张　冀　　　　　　　　　　责任印制：刘译文

商标律师如是说
Shangbiao Lüshi Rushi Shuo

赵　虎　著

出版发行：	知识产权出版社有限责任公司	网　　址：	http://www.ipph.cn
社　　址：	北京市海淀区气象路50号院	邮　　编：	100081
责编电话：	010-82000860 转 8344	责编邮箱：	liujiang@cnipr.com
发行电话：	010-82000860 转 8101/8102	发行传真：	010-82005070/82000893
印　　刷：	保定市中画美凯印刷有限公司	经　　销：	各大网上书店、新华书店及相关专业书店
开　　本：	720 mm×1000 mm　1/16	印　　张：	15.75
版　　次：	2019年4月第1版	印　　次：	2019年4月第1次印刷
字　　数：	209千字	定　　价：	60.00元
ISBN 978-7-5130-6128-5			

出版权专有　　侵权必究

如有印装质量问题，本社负责调换。

推 荐 语

做企业就是在树品牌，保护好品牌，首先就要重视商标。品牌要做到顾客心里，商标要好好保护在企业手里。赵律师在商标保护方面给了我们很多的建议和支持，相信能通过这本书帮到更多的企业。

——SHINE LI帽饰　创始人　苏文

赵虎律师知识渊博，思维理性，逻辑严密，口才绝佳。他既是生活中的好朋友，更是国艺同行的守护神。相信这本关于商标保护的书，一定会让更多的公司受益。

——国艺同行影视公司　创始人　王艺潼

赵虎律师，青年才俊师出名门，在商标及知识产权的法律领域耕耘有年，理论知识深厚、实践经验丰富且不断精进。此书是其多年执业生涯的一次阶段性总结，读后对我们企业运营助益良多。

——武汉美劲成劳保用品有限公司　总经理　钱奕

肆意剽窃他人智慧产权形同盗窃，害人又害己，而智慧财产亦是个人无形的资产，透过无形资产的升华精进经济与商业促进更上层楼。藉由赵律师的法学素养、专业、抽丝剥茧缜密的思维与卓越的视界，更能有效打击非法让其无所遁形从而保护并开启智慧创作的锁钥！

——台湾鸡老大创始人　侯博钧

欣闻此书出版，感慨万千：律师，是我们当今法制社会生活的保护神，他们铁肩担道义，以国家宪法和国家制定的各项法律法规为准绳，以公正公平公开的英风豪气和大无畏的英雄气概，勇敢地护卫着真善美，保护着善良人的合法权益，这本关于保护知识产权方面的著作，也必将在维护知识产权方面，产生极其重要的现实意义和深远的历史意义。这部深入浅出的著作，势必成为知识界维护自身合法权益的最有力的武器。在此，向作者表示诚挚的敬意。

——北京华兴隆泰商贸有限责任公司董事长　朴元吉

商标对一个公司来讲特别重要，我们非常重视企业的商标权利。因为一些意外因素，我公司也曾经遇到过商标纠纷，赵虎律师帮助我们企业打赢了商标纠纷的案件，这个案件对我们公司非常重要。此次本书出版，是赵虎律师多年经验的总结，希望能给更多的读者和企业提供宝贵的经验和建议。

——"御马房"汽车用品创始人　余良洪

一部商标版"番汉合时掌中珠"：源于实务，条分缕析，深入浅出，值得一读。

——北京第二外国语学院国际法学院　慕晓　博士

商标法之难，难在理解与适用；本书之妙，妙在理论与实案结合。能以案讲法，说明作者的专业水平高；善以案学法，提高读者的实务能力快。

——商标评审委员会原审查员　张月梅

本书既不是"说明文"，也不是"论文集"，更不是"案例集"，而是用通俗易懂的语言阐释了法律条文的理解与适用，用生动鲜活的案例讲述商标领域的实践与经验，凝聚了作者在商标领域十余年来的积累和沉淀，是理论与实务相结合的升华和结晶。通过本书，可以感受到作者在商标领域的专注和专业，更能在有高度也有深度的文字中，感受作者的态度和温度。

——中国知识产权报记者　王国浩

知名商标案件通常备受社会各界关注。多年的采访经历，让我感受到，商标权纠纷从来不是孤立的案件，而是要结合历史沿革和国际惯例去读的"故事"。赵虎律师的这部作品深入浅出，能帮助读者厘清每一宗案件的来龙去脉，用发展的眼光和思维去理解每一起案件及其背后折射出的令人深思的问题。

——《新京报》记者　王巍

法律是实践科学，而商标这门"玄学"，又需要沉浸多年、实践无数案例才能悟出一些经验。本书作者久经庭审沙场，开庭似猛虎下山，辩理如抽丝剥茧，尤为难能可贵的是，作者庭后仍能虎嗅蔷薇复盘总结笔耕不辍，此书案例均为精挑细选，值得商标从业者研习参考。

——《知产库》主编　浙江泽大律师事务所合伙人　乔万里

本书通过大量的案例，以案说法的形式，将极为专业的商标法律问题变得通俗易懂。本书不仅对企业法务人员处理商标法律问题提供有力的帮助，也为律师办理商标法律业务提供了强有力的专业支持。

——北京市中闻律师事务所　知识产权部主任　王国华

目 录

第一章 雄兔脚扑朔，雌兔眼迷离：
近似性判断

中外文商标近似性判断的考虑因素
　　——"SNOW LEOPARD"商标案 ·················3
商标近似判断之"义"不同
　　——"御马房"商标案························8
商品分类的判断
　　——"非诚勿扰"商标案·····················14
类似商品的判断
　　——"强鹿"商标案························18
如何认定商标淡化
　　——"Croco Cola"商标案····················23
商标注册程序中是否考虑申请注册商标的知名度
　　——"猫头鹰及房子图形"商标案···············27

第二章 莫道君行早，更有早行人：
在先权利和权利冲突

只用姓氏是否侵犯姓名权
　　——"IVERSON"艾弗森商标案·················35
姓名权的保护范围
　　——"乔丹"商标案························39

输在时间上
　　——另一"乔丹"商标案···44
关于在先权利之著作权
　　——"金砖Gold Brick"商标案······································49
商标权利冲突案件中如何证明著作权的归属
　　——"MASTERART及图"商标案·································53
判断侵害在先著作权的步骤
　　——"IMAC"商标案···57
商号与商标的冲突
　　——"凯洛格"商标案···62
企业变更名称的，之前的名称是否属于商标法上的在先权利？
　　——"四砂 SISHA"商标案··67
过了保护期的特殊标志能否注册为商标
　　——"福娃"商标案···71

第三章　寂寞梧桐，深院锁清秋：
商标禁用、禁注纠纷以及其他争议

颜色、位置商标
　　——"红底鞋"在中国能否得到保护·································79
"国+"型商标能否注册
　　——"国酒茅台"商标案···86
《商标法》第10条第1款第（7）项的适用
　　——"痛王"商标案···92
有关地理标志特殊规则
　　——"镜泊湖大豆"商标案··100
"不正当手段取得注册"的适用范围
　　——"关汉卿"商标案···105

商标撤销或无效的主体
　　——"史努比SNB"商标案……………………………………109
如何理解与适用商标法上的"一事不再理"原则………………113

第四章　随风潜入夜，润物细无声：
　　　　商标的使用

何为商标的使用
　　——"广云贡饼"商标案…………………………………121
证明商标使用的举证程度
　　——"mine"商标案………………………………………125
如何看待台湾地区商标的使用
　　——"茱丽雅"商标案……………………………………129
浅谈地理标志商标的合理使用……………………………………133
合同能证明商标使用吗
　　——"三叶草"商标案……………………………………142
商标使用的证据需要有关联性
　　——"友信"商标案………………………………………146

第五章　夜阑卧听风吹雨，铁马冰河入梦来：
　　　　商标的维权

法院如何确定赔偿额
　　——"紫玉山庄"商标案…………………………………153
商标不规范性使用也会构成侵权
　　——"青汾"商标案………………………………………159
如何正确理解商标法上的"服务"
　　——"卡乐仕"商标案……………………………………165
区分商标标识中文字的第一性和第二性含义
　　——"舟山带鱼"商标案…………………………………170

区分服务商标和商品商标
　　——"紫燕"商标案……………………………………174
侵权案中"通用名称"的市场范围
　　——"伤心凉粉"商标案…………………………………179
企业字号与商标的冲突
　　——"致金致钻"商标案…………………………………184
把他人商标设置为搜索引擎推广关键词构成侵权吗？
　　——"53KF"商标案………………………………………188
商标与域名的冲突
　　——"海澜之家"商标案…………………………………193
当知名商品特有名称遇到注册商标
　　——"克东腐乳"不正当竞争案…………………………197
商标与不正当竞争的选择
　　——"皇朝"商标案………………………………………203
连锁酒店被侵犯商标权怎么办
　　——"汉庭"商标案………………………………………208
"搭便车"——企业名称与商标的冲突……………………………212
山寨银行的商标法问题………………………………………………217
浅谈商标法中的惩罚性赔偿原则……………………………………220
珠宝首饰行业商标申请的律师意见…………………………………225
商标的跨类保护………………………………………………………228

代 后 记

既然选择了商标　便只顾风雨兼程……………………………237

第一章

雄兔脚扑朔，雌兔眼迷离：近似性判断

商标的作用在于区分商品或者服务的来源，为了实现这个作用，各个商标之间首先需要能够被区分开。如果A商标与B商标之间不能被相关用户区分开，又如何能够区分商品或者服务的来源呢？所谓打铁还要自身硬。

我国作为人口第一的大国，世界第二大经济体，每年的商标申请量已经是全球第一。每年几百万的商标申请量，意味着商标与商标之间极易产生近似。目前，涉及商标近似性判断的案件在商标侵权诉讼和商标行政诉讼中所占比例是最大的。如何判断近似呢？大部分商标是否近似我们用通常判断事物近似的规则即可，但是商标又有其特殊性，有一些在特殊情况下需要考虑特定的规则。

商标近似性判断分为两步，第一步判断商品是否相同或者类似，第二步在商品相同或者类似的前提下判断商标是否近似。而商品的类似总在发生变化，甚至每个案件都有其特殊情况，在一个案件中可以认定商品类似，在另外的案件中则可认定商品不类似。看似矛盾之处，也有其特殊的价值考虑和判断规则。

本章给出的案例都是关于特殊情况下如何进行商标近似性判断的，而此类案件正是司法实践中的难点。

中外文商标近似性判断的考虑因素
——"SNOW LEOPARD"商标案

在判断中外文商标是否构成近似时,应以是否容易造成混淆为主要的判断原则,在考虑相关公众的基础上,从音、形、义和整体四个方面对中外文商标进行比对。

法律规定

《商标法》第30条(2001年《商标法》第28条)规定:

申请注册的商标,凡不符合本法有关规定或者同他人在同一种商品或者类似商品上已经注册的或者初步审定的商标相同或者近似的,由商标局驳回申请,不予公告。

《最高人民法院关于审理商标授权确权行政案件若干问题的意见》第16条规定:

人民法院认定商标是否近似,既要考虑商标标志构成要素及其整体的近似程度,也要考虑相关商标的显著性和知名度、所使用商品的关联程度等因素,以是否容易导致混淆作为判断标准。

涉案商标

SNOW LEOPARD

争议商标　　　　　　　　　　引证商标

律师解读

2008年，苹果公司申请注册第9类计算机、调制解调器等商品"SNOW LEOPARD"商标，2009年推出一款名为"SNOW LEOPARD"的计算机操作系统，不过，苹果公司的商标被商标局和商标评审委员会驳回了注册申请。理由是：在此之前，江苏雪豹日化有限公司在第9类注册了"雪豹电器XUEBAO及图"商标。苹果公司不服商评委裁定，向法院提起诉讼。此案经过一审、二审，北京市高级人民法院最终维持了商评委的裁定，苹果公司依然没有能够注册"SNOW LEOPARD"商标。

该案主要涉及中英文商标如何进行认定近似的问题，即"SNOW LEOPARD"与"雪豹电器XUEBAO及图"是否构成近似商标。在"雪豹电器XUEBAO及图"商标中，"电器"一词在第9类不具有显著性，"XUEBAO"是"雪豹"的拼音，当图形和文字构成组合商标时，文字起到的区别性作用更强。所以，该案主要考虑"SNOW LEOPARD"商标与"雪豹电器XUEBAO及图"中的"雪豹"是否构成近似。

《商标法》第30条规定："申请注册的商标，凡不符合本法有关规定或者同他人在同一种商品或者类似商品上已经注册的或者初步审定的商标相同或者近似的,由商标局驳回申请,不予公告。"该规定确立了商标申请在先原则,即两份及以上的相同或者近似的商标申请在同一或者类似的商品上,在先申请的商标予以注册,在后申请商标的一概驳回。现在商标申请的数量非常大,产生相同或者近似商标的概率很高,很多商标因为在先有相同或者近似商标而被驳回。而在商标评审委员会和法院收到的案件中,不服商标局有关商标近似认定的案件占了相当大的比例。如何判断商标近似问题,是司法实践中的焦点。其中,有一类商标的判断常常产生分歧:如何对中外文商标的近似性进行判断。

《最高人民法院关于审理商标授权确权行政案件若干问题的意见》第16条规定:"人民法院认定商标是否近似,既要考虑商标标志构成要素及其整体的近似程度,也要考虑相关商标的显著性和知名度、所使用商品的关联程度等因素,以是否容易导致混淆作为判断标准。"可见,在判断商标是否构成近似时,最重要的还是以是否容易导致混淆为判断标准,这里的混淆主体应是相关公众,不是所有的消费者。中外文商标近似性的判断也是如此。

在苹果公司"SNOW LEOPARD"商标案件中,商品相同或者近似应该是没有争议的,关键点在于:诉争商标"SNOW LEOPARD"与引证商标"雪豹"是否构成近似。首先,比对商标标识本身的音、形、义。诉争商标与引证商标的音不同、形不同,关键在于义是否相同。诉争商标由SNOW和LEOPARD两个单词构成,英文中有些单词有多个含义,有的单词含义单一,这两个单词属于含义比较单一的英文单词,snow一般翻译成"雪"或者"下雪",而leopard则翻译成"豹",这两个单词组合在一起,一般会翻译成"雪豹",没有其他的含义。这样看来,诉争商标与引证商标的含义是相同的。其次,分析两个商标注册的商品种类的相关公众,这两个商标都注册在第9类计算机类,计算机类的相关公众应该属于普通消费者，具有平均的文化程度，对英语有一定的认知，有可能知道snow、leopard这两个单词的含义。结合这两点，可以得出诉争商标与引证商标属于近似商标，如果诉争商标被注册可能会造成相关公众混淆的结论。

在这个案件中通过对诉争商标中英文单词含义与引证商标中中文单词含义的比对，认定中英文商标构成近似。但是，不能就此认为中外文之间含义相同就可构成近似商标，笔者认为在中外文商标近似性的判断中应注意以下几个因素。

1. 英文与其他外文有别

因为我国目前学校的外文教育以英文为主，所以我国公众对英文认知程度较高，当英文商标含义与中文商标含义相同时，更容易产生混淆。而其他语言在我国掌握的人很少，一般情况下即使其他语言的商标含义与中文商标含义相同，因相关公众没有辨识能力，也不易产生混淆。所以，在判断的时候英文商标有别于其他外文商标。

2. 英文商标中应考虑相关公众对英文词汇的熟识程度

就相关公众而言，有的商品和服务对应的相关公众英文水平可能高，有的商品和服务对应的相关公众英文水平可能低，应个案分析、区别对待。另外，有的中文对应数个英文，其中可能一两个英文是大家熟知和常用的，但是有的英文可能是我们不熟悉的。有的英文列入了四级词汇表，有的英文列入了六级词汇表，有的甚至没有列入词汇表。判断时应该考虑相关英文在相关公众中的熟知程度，对于相关公众不熟知的，不宜判断为近似商标。

3. 中外文商标间是否为唯一的对应关系

这里主要指中英文商标。中英文商标之间如果是唯一的对应关系，或者即使英文商标有其他的翻译也是与中文商标很接近的，认定近似的可能性较大。如果中英文商标并非唯一的对应关系，英文商标翻译成中文有若干种并不相同的中文意思，则不宜认定为近似商标。

4. 考虑诉争商标是否已经通过使用产生知名度

《最高人民法院关于审理商标授权确权行政案件若干问题的意见》第1条规定："人民法院在审理商标授权确权行政案件时……对于使用时间较长、已建立较高市场声誉和形成相关公众群体的诉争商标，应当准确把握商标法有关保护在先商业标志权益与维护市场秩序相协调的立法精神，充分尊重相关公众已在客观上将相关商业标志区别开来的市场实际，注重维护已经形成和稳定的市场秩序。"根据该条的规定和精神，对于已经投入使用时间较长并建立较高市场声誉的商标，如果没有证据证明诉争商标与引证商标已经产生混淆，那么，应该尊重这种市场实际，不宜认定为近似商标。

综上，在判断中外文商标是否构成近似时，应以是否容易造成混淆为主要的判断原则，在考虑相关公众的基础上，从音、形、义和整体四个方面对中外文商标进行比对，保护商标注册申请人和其他权利人正当的、合法的权益。

商标近似判断之"义"不同
——"御马房"商标案

对于使用时间较长、已建立较高市场声誉和形成相关公众群体的诉争商标,应当准确把握商标法有关保护在先商业标志权益与维护市场秩序相协调的立法精神,充分尊重相关公众已在客观上将相关商业标志区别开来的市场实际,注重维护已经形成和稳定的市场秩序。

法律规定

《商标法》第31条(2001年《商标法》第29条)规定:

两个或者两个以上的商标注册申请人,在同一种商品或者类似商品上,以相同或者近似的商标申请注册的,初步审定并公告申请在先的商标;同一天申请的,初步审定并公告使用在先的商标,驳回其他人的申请,不予公告。

《最高人民法院关于审理商标授权确权行政案件若干问题的意见》第1条规定:

人民法院在审理商标授权确权行政案件时,对于尚未大量投入使用的诉争商标,在审查判断商标近似和商品类似等授权确权条件及处理与在先商业标志冲突上,可依法适当从严掌握商标授权确权的标准,充分考虑消费者和同业经营者的利益，有效遏制不正当抢注行为，注重对于他人具有较高知名度和较强显著性的在先商标、企业名称等商业标志权益的保护，尽可能消除商业标志混淆的可能性；对于使用时间较长、已建立较高市场声誉和形成相关公众群体的诉争商标，应当准确把握商标法有关保护在先商业标志权益与维护市场秩序相协调的立法精神，充分尊重相关公众已在客观上将相关商业标志区别开来的市场实际，注重维护已经形成和稳定的市场秩序。

涉案商标

V-MAFA 御馬房

争议商标

御马

引证商标一

yuma 御马

引证商标二

律师解读

武汉百年御马房汽车用品制造有限公司（以下简称"御马房公司"）在第27类地垫、汽车毡毯、垫席等商品上申请注册了"御马房"商标，而就在御马房公司申请注册"御马房"商标前5个月，东莞市银声电子科技有限公司（以下简称"银声公司"）在第27类地垫、汽车毡毯、垫席等商品上申请注册了2个"御马"商标。银声公司认为御马房公司注册的"御马房"商标与银声公司在先申请的"御马"商标属于近似商标,"御马"商标申请注册在先,"御马房"商标不应该被注册。于是,银声公司向商标评审委员会提出无效宣告的申请。商标评审委员会认为,争议商标("御马房"商标)与引证商标("御马"商标)在文字构成与整体外观上均有所区别,相关消费者施以一般注意力能够将争议商标与引证商标区分,且争议商标注册已有数年,银声公司亦未提交争议商标与引证商标并存导致市场混淆的证据,故争议商标与引证商标未构成在类似商品上的近似商标。银声公司不服商标评审委员会的裁定,向北京知识产权法院提起诉讼。而代表御马房公司应诉的律师,正是笔者。

仔细研究案件所有材料之后,笔者提出以下观点:

(1)"御马房"商标和"御马"商标注册在近似商品上,这是毋庸置疑的。

(2)"御马房"商标与"御马"商标之间是否构成近似,是案件的关键。

(3)商标之间是否构成近似主要是从商标标识的音、形、义三个方面进行比较分析,这三个方面如有一个方面不构成近似,则商标间不构成近似。

(4)就该案而言,主要是考虑"义",即商标标识本身的含义。

争议商标"御马房"商标由汉字"御马房"与英文字母"v-mafa"构成,虽然英文字母"v-mafa"也起到区别商业标识的作用,但无疑是汉字部分起到主要的识别作用;引证商标一"御马"商标比较简单,由"御马"两个汉字组成;引证商标二"御马"商标是组合商标,由图形+文字组成,文字部分由汉字"御马"与拼音字母"yuma"构成,作为组合商标,其中的文字部分往往起到主要识别作用,文字部分的字母是汉字的拼音,可以认为该案中引证商标二的主要识别部分应该也是"御马"这两个汉字。所以,争议商标与引证商标的对比,关键是"御马房"和"御马"是否构成近似。

只看比对商标的汉字部分,一个是三个字,另一个是两个字,其中三个字的商标完整包含两个字的商标,那么,在发音和字的形状方面非常可能会被裁判认为是近似的;如果含义再近似的话,那么,就是近似商标。但是,如果含义上面的不同可以将比对商标汉字部分区分得很清楚,则不构成近似商标。

"御马房"和"御马"在含义上是不是近似呢?笔者认为从"义"上来说不近似。理由如下。

(1)"御马房"一词源于明代"御马苑",是皇家养马的专设机构,另设置有"御马监"这一全新官职,为皇家管理御马苑。另外,"御马房"还是一种建筑物,养马的场所。因此,在创立之初,御马房公司以"御马房"为企业名称和产品及服务商标,寓意就是要像"御马监"一样管理好"御马房",以客户为尊为中国车主提供顶级的"皇家"式产品及服务。

(2)"御马"所表达的含义仅仅为"一匹马"或"皇家御用的马"或"骑马",无论怎样解释都是表达一种动物或者一个动作,未见其他含义,尤其没有建筑或者官职的含义。

(3)"御马房"和"御马"都不是臆造词,都有其自身含义。作为消费者一般是可以区分开的。

另外,该案还有一个特点:该案是在争议商标与引证商标均得到授权后,经过了4年左右的时间,银声公司才提起商标无效申请。如果从商标申请注册到提起商标无效申请,则经过了将近6年的时间。4~6年的时间,足够一个商标通过销售、宣传、推广等使用方式建立一定的影响。另外，相同或者近似商品上的近似商标的持续使用，尤其如果双方都是大规模使用，也非常有可能发生事实上的相关公众混淆的情况，而非仅仅是观念上判断的相关公众混淆的判断。

《最高人民法院关于审理商标授权确权行政案件若干问题的意见》第1条规定："对于使用时间较长、已建立较高市场声誉和形成相关公众群体的诉争商标，应当准确把握商标法有关保护在先商业标志权益与维护市场秩序相协调的立法精神，充分尊重相关公众已在客观上将相关商业标志区别开来的市场实际，注重维护已经形成和稳定的市场秩序。"

从证据上来看，御马房公司几年来一直在使用"御马房"商标，包括参加展览、与汽车4S店大规模合作、广告宣传等。而银声公司也提交了多份证据，证明引证商标一直在持续使用中。在考虑和判断争议商标与引证商标是否构成近似时，应该将经过长期、持续性使用的商标与没有投入使用的商标区别来看，充分理解《最高人民法院关于审理商标授权确权行政案件若干问题的意见》第1条规定的精神。如果争议商标经过长期、持续性使用，而引证商标也有证据证明一直在使用，但没有任何相关公众产生混淆的证据，这时候不宜从观念上判断是否构成混淆和近似，而是应该考虑是否有混淆的事实，事实需要证据的支持。如果没有证据证明混淆的事实，应该认定为"相关公众已在客观上将相关商业标志区别开来"，不宜认定为商标近似，应维持争议商标的效力。

最后，法院支持了笔者的意见。法院认为：

（1）判断商标近似，应当从商标本身的音、形、义和整体表现形式等方面，以相关公众的一般注意力为标准，采取整体观察与对比主要部分的方法，同时还应当考虑商标的显著性和知名度。从其词语本身看，"御马"有驾驭马匹、乘马、御用之马三种通常含义，"御马房"作为整体的直接含义为管理、饲养马匹的场所，二者含义存在一定区别。

（2）按照汉语的指代习惯，普通消费者面对"御马""御马房"文字均容易与汽车等交通工具产生联想，而争议商标及引证商标权利人经营的均为汽车服务相关商品，上述商标同所使用的服务均具有较强的关联性，仅以商标中包含同样的词语选择认定商标近似，难以体现商标元素选择和创意的公平合理。

从该案可以看出，法院在判断商标近似时，会从音、形、义三个方面综合考虑，在考虑音、形、义时也会结合商标是既有词汇还是臆造词来斟酌商标的显著性以及这种显著性的强度对消费者混淆的影响。所以，在办理商标近似案件时，深入分析商标的音、形、义，尤其是"义"往往是案件的关键所在。

不得不提的是，该案的主审法官是人称"辨法析理、胜败皆服"的宋鱼水法官。宋法官非常认真，也非常和蔼，庭审很严肃，但是不严厉，在律师发言过程中从来不打断律师，反而不断地鼓励律师说出自己的观点，有时候甚至会引导律师充分发言。庭审之后，合议庭进行合议，宋鱼水法官也是马上告诉双方律师合议庭的看法和关心的问题，非常公开和透明。笔者深以为，办案遇到一个好法官也是律师之福！

商品分类的判断
——"非诚勿扰"商标案

商标近似性判断的第一步是判断商品或者服务是否相同或者近似,只有在商品或者服务相同或者近似的基础之上,才能进一步判断商标近似的问题。随着经济的发展,会出现一些超越"商品和服务分类表"、融合多种元素的商品或者服务,如何归类会产生争议。此时,须考虑商品的主要功能是什么,服务的主要对象是谁、主要目的是什么等因素,根据其主要部分进行分类。

2013年,经营婚恋交友服务公司的温州市民金阿欢以商标侵权为由,将江苏电视台诉至深圳市南山区法院,法院一审认定不构成侵权。随后金阿欢上诉至深圳市中院,深圳市中院认为江苏电视台侵权,并责令其停止使用"非诚勿扰"栏目名称。本文初稿写于一审判决出来之后。

果然,2016年12月30日,广东省高级人民法院对江苏电视台《非诚勿扰》栏目商标权纠纷案做出再审判决。广东省高级人民法院认为,"非诚勿扰"标示用于不同的服务类别,不会使相关公众产生混淆误认,江苏电视台不构成侵权。

第一章　雄兔脚扑朔，雌兔眼迷离：近似性判断

法律规定

《商标法》第57条规定：

有下列行为之一的，均属侵犯注册商标专用权：

（一）未经商标注册人的许可，在同一种商品上使用与其注册商标相同的商标的；

（二）未经商标注册人的许可，在同一种商品上使用与其注册商标近似的商标，或者在类似商品上使用与其注册商标相同或者近似的商标，容易导致混淆的；

……

涉案商标

非诚勿扰

原告的"非诚勿扰"商标

一个侵犯商标权的案件判决了，一个知名的电视节目可能要变更名称了。"非诚勿扰"这个词从冯小刚导演、葛优主演的电影开始被大家熟知。后来江苏卫视的一个相亲节目叫了这个名字，也火了。突然有一天，一条消息引爆朋友圈：《非诚勿扰》要改名字了，因为商标官司打输了。也许人们又知道了一个法律知识：原来节目名字和商标是联系在一起的。无论这个案子最终走向如何，这也算这一案件对社会的贡献。

关注这一案件，并非因为笔者是《非诚勿扰》的粉丝，而是因为笔者是知识产权的粉丝。这个案件目前二审已经判决，是生效的案件。我们要尊重法院生效的判决，但是尊重判决不代表我们不能研究它，不代表不能提出其他方面的意见。本文就是要简单聊聊这件事。下面分析的内容可能有些过于专业，但表述尽量接地气。

该案的焦点在于：《非诚勿扰》电视节目与原告的"非诚勿扰"商标核定的服务类别是否相同或近似。商标是分类注册的，我国把商标和服务种类分为45类。注册商标时需要指定种类，而发生侵权时，法官也是要看被诉侵权行为与注册商标注册的种类是否相同或者近似。该案原告商标注册在第45类，其中包括"交友服务、婚姻介绍所"。那么，《非诚勿扰》电视节目提供的是否是"交友服务、婚姻介绍所"的服务呢？

一审法院说"不是"，判决原告败诉；二审法院说"是"，判决原告胜诉。说"不是"，理由是《非诚勿扰》电视节目虽然有相亲的内容，但是毕竟是电视节目，属于第41类的服务（文娱活动的服务）。说"是"，理由是从《非诚勿扰》电视节目开场白、结束语等内容上看，有男女嘉宾的资料，可能会牵手成功，之后会实际交往等，认为属于"交友、婚姻介绍"。可谓公说公有理，婆说婆有理。

笔者认为二审法院的判决可能存在偏颇之处，《非诚勿扰》电视节目不属于提供"交友服务、婚姻介绍所"类的服务。理由如下：

首先，《商品和服务分类表》第41类和第45类都是有关"服务"的分类。那什么叫"服务"？根据《新华字典》的解释：服务是"为集体（或别人的）利益或为某种事业而工作"。根据《百度在线词典》的解释："服务是指为他人做事，并使他人从中受益的一种有偿或无偿的活动。不以实物形式而以提供劳动的形式满足他人某种特殊需要。"看来，可以简单认为：服务是为了满足别人的某种特殊需求而提供的劳务。

电视节目《非诚勿扰》是为了这些嘉宾们"交友、婚姻介绍"而提供服务吗？不知道有多少人相信这个电视节目的目的是这样的。笔者一点都不相信这个电视节目的目的是为台上男女嘉宾的"交友、婚姻介绍"——如果说有这样的内容的话，绝不是节目的目的，顶多算得上副产品。笔者认为电视节目《非诚勿扰》不是为这些嘉宾服务的，而是为电视机前面的那些观众服务的。只有有了收视率，才有人投入广告，才能挣钱。它取得收益，并非提供"交友、婚姻介绍"服务所获得的报酬，其实现商业目的与是否成功交友一点关系也没有。所以，它就是个文娱节目，属于第41类的范畴。

其次，是否构成混淆。《商标法》修改之后，"混淆"正式写入《商标法》的规定。其实，司法实践中在判断是否构成近似时，"混淆"一直没有缺位。该案中，二审法院认为构成"反向混淆"，即消费者会把商标注册人开展的"交友、婚姻介绍"服务误认为是电视节目《非诚勿扰》或者与电视节目《非诚勿扰》有关。但当你在大街上看到一个挂着"非诚勿扰"的婚姻介绍所，会认为与电视节目《非诚勿扰》有关系吗？这其实是一个事实判断，笔者很难回答这个问题，却想起了另外一个节目《我爱我家》和房屋中介公司"我爱我家"，也许有一定的可比性。

最后，需要关注的一个事实是：几乎所有的电视节目都与其他行业的商品和服务有关系，除非主题就是电视节目。比如，给美食类的电视节目起名字，是不是也要受到第29类食品类和第30类饮品类商标的制约呢？法制类节目，是否要受到第45类法律服务类商标的制约呢？如此类推，电视节目起名字可就难了，不但要考虑到第41类商标，也要考虑到与其内容有关系的其他商品和服务的商标。如果这样的话，是否有碍于文化的传播，不符合《商标法》的立法目的了？

综上，每一个被广泛传播的案例都有其价值，通过不断的讨论能使其价值发挥得更大。本文以上寥寥数语，考虑得肯定不周全，算是抛砖引玉，欢迎行家里手批评指正。

类似商品的判断
——"强鹿"商标案

在认定类似商品或者服务时,需要考虑、比较对比商品之间的功能、用途、生产部门、销售渠道、消费对象等,如果这些方面相同,或者相关公众一般认为存在特定联系的、容易造成混淆的属于类似商品或者服务。

法律规定

《商标法》第30条(2001年《商标法》第28条)规定:

申请注册的商标,凡不符合本法有关规定或者同他人在同一种商品或者类似商品上已经注册的或者初步审定的商标相同或者近似的,由商标局驳回申请,不予公告。

涉案商标

"强鹿JOHN DEERE"商标

JOHN DEERE

"JOHN DEERE" 系列商标

律师解读

因认为他人申请注册在除尘制剂、工业用蜡等商品上的"强鹿JOHN DEERE"商标，与其在先核准注册在动力联合收割机、拖拉机等商品上的"JOHN DEERE"系列商标构成类似商品上的近似商标，同时系对其驰名商标的复制、模仿及翻译，美国迪尔公司（以下简称"迪尔公司"）与重庆美康高级润滑油有限公司（以下简称"美康公司"）之间展开了一场商标拉锯战。历时5年有余，在北京市高级人民法院作出终审判决后，国家工商行政管理总局商标评审委员会重新作出裁定，对美康公司指定使用在兵器（武器）用润滑油、除尘制剂、夜间照明物（蜡烛）、工业用蜡商品上的"强鹿JOHN DEERE"商标的注册申请予以核准。

美康公司于2004年12月提出第4413061号"强鹿JOHN DEERE"商标的注册申请，指定使用在第4类燃料、兵器（武器）用润滑油、工业用油、润滑油、除尘制剂、夜间照明物（蜡烛）、工业用蜡、发动机油、精密仪器油、润滑脂等商品上。

在该商标通过初审并公告后，迪尔公司提出异议及异议复审申请但均未获支持，迪尔公司遂提起行政诉讼。

经审理，二审法院认定美康公司"强鹿JOHN DEERE"商标指定使用的兵器（武器）用润滑油、除尘制剂、夜间照明物（蜡烛）、工业用蜡商品，与迪尔公司引证的"JOHN DEERE"系列商标核定使用的拖拉机、农业机械等商品不构成类似商品，因此，对美康公司在上述商品上"强鹿JOHN DEERE"商标的注册申请应予以核准。但是，被异议商标指定使用的燃料、工业用油、润滑油、发动机油、精密仪器油、润滑脂商品与引证商标核定使用的动力联合收割机、伐木机械、挖掘机、拖拉机、农业机械等商品应判定为类似商品，不能注册。

这一案件主要涉及类似商品的判断问题。

我国2001年《商标法》第28条（现行《商标法》第30条）规定："申请注册的商标，凡不符合本法有关规定或者同他人在同一种商品或者类似商品上已经注册的或者初步审定的商标相同或者近似的，由商标局驳回申请，不予公告。"根据该条规定，申请注册的商标与已经注册在同一种种类商品或者类似商品上的商标相同或者类似的，商标局应该驳回申请，不得注册。就该案而言，商标近似比较容易判断，是否属于类似商品是难点。

重庆美康高级润滑油有限公司申请注册的"强鹿JOHN DEERE"商标与美国迪尔公司已经注册的"JOHN DEERE"商标相比，"强鹿JOHN DEERE"商标的英文部分"JOHN DEERE"与"JOHN DEERE"商标完全相同，中文部分"强鹿"分别为"JOHN DEERE"的两个单词的音译和义译。这种相同和联系如此强烈，以至于容易使公众对商品的来源产生误认或者混淆，应该属于近似商标。

那么，兵器（武器）用润滑油、工业用油、润滑油、除尘制剂、夜间照明物（蜡烛）、工业用蜡、发动机油、精密仪器油、润滑脂商品等商品与动力联合收割机、拖拉机等商品是否属于近似商品呢？这一问题也是商标评审委员会与法院重点调查和解决的问题。根据《类似商品和服务区分表》，兵器（武器）用润滑油、工业用油、润滑油、除尘制剂、夜间照明物（蜡烛）、工业用蜡、发动机油、精密仪器油、润滑脂商品等商品与动力联合收割机、拖拉机等商品肯定不属于同一类商品。但是，是否可以如此简单地得出结论呢？肯定不合适。在案件处理过程中，《类似商品和服务区分表》只能作为一个参考，并非定案根据。从实践来看，突破《类似商品和服务区分表》的归类，把《类似商品和服务区分表》上不同种类的商品认定为类似商品已并不鲜见。

在认定类似商品或者服务时，需要考虑、比较对比商品之间的功能、用途、生产部门、销售渠道、消费对象等，如果这些方面相同，或者相关公众一般认为存在特定联系的、容易造成混淆的属于类似商品或者服务。根据这一原则，法院曾经认定药酒与人用药、汽车与汽车配件属于类似商品，在这一案件中，发动机油与拖拉机、农业机械是否构成类似商品就是一个非常值得探讨的问题。虽然法院最终没有完全支持迪尔公司的诉讼请求，也没有单纯考虑《类似商品与服务区分表》，法院的观点是值得注意的。

北京市高级人民法院认为："类似商品，一般是指在功能、用途、生产部门、销售渠道、消费对象等方面相同，或者相关公众一般认为其存在特定联系、容易造成混淆的商品。认定商品类似可以参考《类似商品和服务区分表》，但更应当尊重市场实际。在主张权利的商标已实际使用并具有一定知名度的情况下，认定商品类似要充分考虑商品之间的关联性，以相关公众对商品的通常认知和一般交易观念进行判断。"因此，北京市高级人民法院认为，燃料、工业用油、润滑油、发动机油、精密仪器油、润滑脂商品与引证商标核定使用的动力联合收割机、伐木机械、挖掘机、拖拉机、农业机械等商品在功能、用途、销售渠道、消费群体等方面存在较强联系，且引证商标经过使用在中国大陆地区已具有一定的知名度，相关公众看到被异议商标指定使用的燃料、工业用油等商品时，一般会认为其与引证商标核定使用的商品存在特定联系，造成混淆,应判定为类似商品;而兵器(武器)用润滑油、除尘制剂、夜间照明物(蜡烛)、工业用蜡与引证商标核定使用的动力联合收割机、伐木机械、挖掘机、拖拉机、农业机械等商品不构成类似商品。

另外,这一案件还体现出我国商标注册争议程序的漫长。一方面商标局和商标评审委员会案件较多,另一方面商标争议案件除了商标评审委员会的复审程序之外还有法院的两审诉讼程序,所以,解决起来时间比较长。尤其是商标评审委员会的复审程序,在法律上没有一个时限的限制。2013年8月修改的《商标法》对此特意做出规定。

2001年《商标法》第32条(现行《商标法》第34条)修改为:

对驳回申请、不予公告的商标,商标局应当书面通知商标注册申请人。商标注册申请人不服的,可以自收到通知之日起十五日内向商标评审委员会申请复审。商标评审委员会应当自收到申请之日起九个月内做出决定,并书面通知申请人。有特殊情况需要延长的,经国务院工商行政管理部门批准,可以延长三个月。当事人对商标评审委员会的决定不服的,可以自收到通知之日起三十日内向人民法院起诉。

2001年《商标法》第33条第1款(现行《商标法》第35条第1款)修改为:

对初步审定公告的商标提出异议的,商标局应当听取异议人和被异议人陈述事实和理由,经调查核实后,自公告期满之日起十二个月内做出是否准予注册的决定,并书面通知异议人和被异议人。有特殊情况需要延长的,经国务院工商行政管理部门批准,可以延长六个月。

修改后的《商标法》于2014年5月1日起施行,对商标评审委员会(以下简称"商评委")的复审期限做出限制,将有利于商标注册争议案件较快解决。

如何认定商标淡化

——"Croco Cola"商标案

在商标异议复审阶段,"Croco Cola"商标案商评委审理的重点在于被异议商标"Croco Cola"与引证商标"COCA-COLA"之间所注册的商品存在的显著区别,并因为存在显著区别不构成类似商品从而认定可以注册。所以,商评委使用的依然是混淆理论,而非淡化理论,没有考虑到"Croco Cola"商标的注册和使用对驰名商标"COCA-COLA"的淡化和弱化问题。

法律规定

《商标法》第13条规定:

为相关公众所熟知的商标,持有人认为其权利受到侵害时,可以依照本法规定请求驰名商标保护。

就相同或者类似商品申请注册的商标是复制、摹仿或者翻译他人未在中国注册的驰名商标,容易导致混淆的,不予注册并禁止使用。

就不相同或者不相类似商品申请注册的商标是复制、摹仿或者翻译他人已经在中国注册的驰名商标,误导公众,致使该驰名商标注册人的利益可能受到损害的,不予注册并禁止使用。

涉案商标

Croco Cola COCA-COLA

"Croco Cola" 商标　　　　　　"COCA-COLA" 商标

"Croco Cola"商标于1997年10月14日申请注册，指定使用在第42类"酒吧；小吃店；餐馆；小餐馆；饭店服务；备办宴席；咖啡室服务；供膳寄宿处"等服务上。2009年5月25日，经商标局核准，该商标转让给鳄鱼恤公司。"Croco Cola"商标与我们熟悉的"COCA-COLA"商标非常像，只不过注册的种类不一样。根据法律规定，申请的商标经过初步审查，如果商标局认为可以注册，将被公告。商标被公告后的3个月内，其他人可以提出商标异议。在"Croco Cola"商标初审公告后的3个月的法定异议期内，可口可乐公司向商标局提出异议申请。

可口可乐公司认为，"COCA-COLA"商标已经注册，而且是驰名商标。"Croco Cola"商标与"COCA-COLA"商标相似，虽然商品种类不同，但还是不应该被注册。商标评审委员会做出裁定驳回了可口可乐公司的申请，认为"Croco Cola"注册的商品与"COCA-COLA"商标注册的商品明显不同，不会造成消费者混淆，裁定"Croco Cola"商标可以注册。可口可乐公司不服，起诉到北京市第一中级人民法院，法院根据商标淡化理论，推翻了商评委的认定，要求商评委重新做出认定。商评委与鳄鱼恤公司不服，上诉到北京市高级人民法院。北京市高级人民法院终审维持了北京市第一中级人民法院的判决。该案最终以可口可乐公司胜诉结束。这一案件涉及一个非常重要的问题：什么是商标淡化理论，淡化理论与混淆理论有何不同，为什么用淡化理论来保护驰名商标。

驰名商标是一种经过长期使用，在市场上享有很高知名度并被相关公众熟知的商标。根据国际惯例，我国对驰名商标进行特殊保护。根据《商标法》第13条的规定："就相同或者类似商品申请注册的商标是复制、摹仿或者翻译他人未在中国注册的驰名商标，容易导致混淆的，不予注册并禁止使用。就不相同或者不相类似商品申请注册的商标是复制、摹仿或者翻译他人已经在中国注册的驰名商标，误导公众，致使该驰名商标注册人的利益可能受到损害的，不予注册并禁止使用。"可见，对未注册的驰名商标禁止同类商品上注册，使用的还是混淆的理论。但是对于已经注册的驰名商标进行的保护，可以延伸到不相同或者不类似的商品，已经从混淆理论"跨跃"到淡化理论。

产生混淆的主体是相关公众（相关领域消费者），即因为商标具有指代商标来源的作用，在相同或者近似商品之间的商标相同或者近似，使得相关公众对商品或者服务的来源产生混淆，从而损害相关公众的利益。混淆理论是判断商标近似、侵权时经常用到的理论，但随着社会的发展，混淆理论已经无法为驰名商标提供充分的保护。在不类似的商品种类上使用与驰名商标相同或者近似的商标，可能并不构成相关公众对商品的来源造成混淆，但是对驰名商标权利人的利益会造成损害，会"淡化"驰名商标标识与商标权人之间的联系（这种联系往往是唯一的）。因此，许多国家的商标法采用了淡化理论来保护驰名商标。

我国商标法对已经注册的驰名商标保护的规定并没有止于禁止"造成混淆"，而是规定"误导公众，致使该驰名商标注册人的利益可能受到损害的"不予注册并禁止使用。这种规定更接近淡化理论而非混淆理论。为了更明确地界定何为"误导公众，致使该驰名商标注册人的利益可能受到损害的"，《最高人民法院关于审理涉及驰名商标保护的民事纠纷案件应用法律若干问题的解释》规定：足以使相关公众认为被诉商标与驰名商标具有相当程度的联系，而减弱驰名商标的显著性、贬损驰名商标的市场声誉，或者不正当利用驰名商标的市场声誉的，属于《商标法》第13条第2款规定的"误导公众，致使该驰名商标注册人的利益可能受到损害的"。即无论是否造成混淆，"弱化"和"丑化"驰名商标也属于被禁止的范围。从这一点上来看，在审理已注册的驰名商标案件时，除了考虑混淆理论之外，更要考虑淡化理论。

"Croco Cola"商标案在商标异议复审阶段，商评委审理的重点在于被异议商标"Croco Cola"与引证商标"COCA-COLA"之间所注册的商品存在的显著区别，并因为存在显著区别不构成类似商品从而认定可以注册。所以，商评委使用的依然是混淆理论，而非淡化理论，没有考虑到"Croco Cola"商标的注册和使用对驰名商标"COCA-COLA"的淡化和弱化问题，不符合我国《商标法》第13条的规定。新做出的裁定，必将有利于保护"COCA-COLA"商标。

商标注册程序中是否考虑申请注册商标的知名度
——"猫头鹰及房子图形"商标案

是否考虑申请注册商标在申请注册之前的知名度的问题，其实是考虑商标法什么情况下对未注册但是已经使用的商标进行保护的问题。商标法对于已经使用但未注册的商标规定了需要保护的情况，除法律明文规定的情况外，其他情况不应该予以保护。商标法不但规定了什么情况下需要考虑商标已经使用的情况，而且规定了相应的救济途径，应该是法定救济途径内保护，而不应该突破法定救济途径。在商标注册程序中，应该遵守法律规定，无须判断申请注册商标的使用情况。

法律规定

《商标法》第30条：

申请注册的商标，凡不符合本法有关规定或者同他人在同一种商品或者类似商品上已经注册的或者初步审定的商标相同或者近似的，由商标局驳回申请，不予公告。

涉案商标

申请注册商标

引证商标一

律师解读

北京我爱我家房地产经纪有限公司（以下简称"我爱我家公司"）向商标局申请"猫头鹰及房子图形"商标，被商标局驳回。驳回的理由是存在已经注册的3个近似商标（其中之一为"引证商标一"）。随后，我爱我家公司提起商标复审和行政诉讼。理由是：申请的商标经过使用，知名度高，在判断是否构成近似的时候应该考虑申请商标的知名度，在考虑知名度的情况下并不构成近似。该案经过一审、二审，北京市高级人民法院作出终审判决，驳回了我爱我家公司的诉讼请求。北京市高级人民法院认为：申请商标与引证商标是否近似的判断应着眼于商标标志本身，以商标申请时的状态为准，不宜考虑申请注册日之后使用情况和知名程度。

众所周知,在商标无效行政纠纷以及商标侵权民事纠纷程序中,判断商标是否近似的时候,需要考虑商标的知名度。那么,在商标申请过程中是否需要考虑商标的知名度呢?法律依据是什么呢?本文就以我爱我家公司这一商标案件为引,简要进行分析。

在我国,获取商标权的方式有两种:一种是通过注册取得,另一种是通过使用取得。在2001年修改《商标法》之前,我国《商标法》仅规定了一种获取商标权的方式,即通过注册取得。但是,这种方式容易产生抢注、囤积商标等行为,2001年修改的《商标法》加入有关通过商标使用获取商标权的方式,并且针对抢注、囤积商标行为作出了规定。不过,现行《商标法》规定的取得商标权的方式依然是以商标注册为主,特殊情况下(如驰名商标)才会考虑通过使用获得商标权的方式。

从以上这一背景出发,笔者认为在商标申请注册这一程序上是不需要考虑申请注册的争议商标的知名度的。理由如下。

1. 一般情况下,申请注册的商标即使经过使用,也没有因为使用取得商标权,不能得到商标法的保护

商标法对何种情况下应该保护已经使用但没有注册的商标有明确的规定,除了法律的明文规定之外,一般情况下,即使在申请注册商标之前进行了使用,也不会得到商标法的保护,自然也不应考虑申请注册的争议商标在申请注册之前的知名度问题,除非该商标已经成为驰名商标。

2. 知名度的高低是相对的概念,需要在比较中确定

商标的知名度虽然对商标近似判断有影响,但是商标知名度的高低应该在比较中确定,除了极少数驰名商标外,没有绝对的知名度高与低的问题。而这种知名度高低的比较,也影响着商标的近似判断。

在商标申请注册程序中，如果要考虑商标知名度，则需要把申请注册的争议商标与引证商标进行比较，在比较中得出申请注册的争议商标的知名度是高还是低的问题。争议商标与引证商标之间知名度高与低不同的组合方式，对商品近似判断的影响不同。

在商标注册程序中，只有商标注册申请人一方参与，引证商标注册人不能参加，自然不能提供有关引证商标知名度的证据，仅考虑申请注册的争议商标知名度，没有意义。

3.《商标法》对知名度高的商标规定了救济途径

为了平衡在取得商标权的两种方式（注册取得和使用取得），我国《商标法》已经规定了对已经使用的并且有一定知名度的商标的救济方式。这些方式有以下几种。

（1）对驰名商标的保护。

根据我国《商标法》的规定：就相同或者类似商品申请注册的商标是复制、摹仿或者翻译他人未在中国注册的驰名商标，容易导致混淆的，不予注册并禁止使用。

（2）对已经使用并有一定影响的商标的保护。

根据我国《商标法》的规定：申请商标注册不得损害他人现有的在先权利，也不得以不正当手段抢先注册他人已经使用并有一定影响的商标。

需要说明的是，《商标法》针对上面两种情况均规定了救济方式，即在法定的时间内，可以对争议商标提出无效宣告请求。

另外，根据现行《商标法》第30条、第31条的规定，在商标申请注册过程中，商标局仅需考虑申请注册的商标之前有没有注册商标或者待注册商标即可，无须考虑申请注册的商标是否经过使用已经达到商标法保护的程度。

综上，是否考虑申请注册商标在申请注册之前的知名度的问题，其实是考虑《商标法》什么情况下对未注册但是已经使用的商标进行保护的问题。《商标法》对于已经使用但未注册的商标规定了需要保护的情况，除法律明文规定的情况外，其他情况不应该予以保护。"商标法"不但规定了什么情况下需要考虑商标已经使用的情况，而且规定了相应的救济途径，应该是法定救济途径内保护，而不应该突破法定救济途径。在商标注册程序中，应该遵守法律规定，无须判断申请注册商标的使用情况。

在我爱我家这一案件中，法院其实对申请商标的知名度问题进行了审理，认为申请商标其实没有多大的知名度。在这个基础上，法院的判决依然就申请注册商标程序中是否考虑申请注册商标的知名度的问题进行了分析、判断，有利于厘清判断规则，为以后的案件提供依据，这也是本案的贡献之一。

第二章

莫道君行早,更有早行人:在先权利和权利冲突世界上本没有商标，人类社会进入近几个世纪后，因商业的发展和需要，才有了商标制度。作为商标标识的那些文字、图形、音乐等符号在产生商标制度之前就有了，它们不是为了商标而生的，而是商标借助了这些符号的功能。

这些符号在被商标借助之前，可能还有其他的主人。例如，一幅画作可以作为商标进行注册，但是在注册商标之前，画家已经是它某项权利的主人了，这项权利叫著作权（版权）。一家企业的企业名称中的字号也可以被注册商标，在申请注册商标之前，它在某项权利上也是有主人的，这项权利叫商号权。

当相同的符号上存在多种权利时，可能形成权利的共存和权利冲突。哪些可以共存，哪些会引起冲突，要看权利的类型和保护范围。例如，著作权是一种类似绝对权的权利，很难与其他权利共存；商号权的权利范围一般要看其经营范围，当商标的注册商品类别不在其经营范围之内的，则可能共存。

"窈窕淑女，君子好逑"，每年几百万件商标的申请量，有一定名气的或者有利于传播的符号人人都想占为己有，自然会产生权利冲突的问题了。

只用姓氏是否侵犯姓名权

——"IVERSON"艾弗森商标案

一般情况下,商标权和姓名权各行其道,注册商标不会侵犯他人姓名权。比如,注册一个普通人的名字作为商标,不会产生损害姓名权的后果。但是,某人在某个领域非常成功,他的名字注册为商标之后,相关公众会觉得这个品牌与特定名人之间有关系,该品牌的产品容易被接受并值得信赖。一个人获得很高的名誉或者荣誉是非常不易的,如果未经他人同意,擅自将他人非常有名气的姓名注册为商标,就是一种搭便车、透支损害他人荣誉或者名誉的行为,被我国商标法所禁止。

法律规定

《商标法》第32条(2001年《商标法》第31条)规定:

申请商标注册不得损害他人现有的在先权利,也不得以不正当手段抢先注册他人已经使用并有一定影响的商标。

《民法通则》第99条规定:

公民享有姓名权,有权决定、使用和依照规定改变自己的姓名,禁止他人干涉、盗用、冒用。

涉案商标

IVERSON

争议商标"IVERSON"

晋江市闽驰鞋业有限公司于2001年8月10日提出注册申请"IVERSON"商标，于2002年11月7日被核准注册，后被核准转让至福建省泉州市自然人林某某，核定使用商品为第25类服装、鞋、袜等，专用期限至2012年11月6日止。2007年10月22日，力宝克公司代表美国NBA球星阿伦·艾弗森（Allen Iverson）向商标评审委员会提出商标争议申请，认为"IVERSON"商标注册损害了球星阿伦·艾弗森的姓名权。商标评审委员会裁定没有损害球星阿伦·艾弗森的姓名权，因为艾弗森（Iverson）只是美国的一个姓氏，不能享有姓名权。力宝克公司起诉到北京市第一中级人民法院（以下简称"北京市一中院"），北京市一中院判决维持了商评委的裁定。力宝克公司又上诉到北京市高级人民法院（以下简称"北京高院"），2014年1月，北京高院作出终审判决，推翻了商评委的裁定和北京一中院的判决，认为"IVERSON"商标注册侵犯了美国NBA球星阿伦·艾弗森的姓名权，案件逆转。

"IVERSON"商标行政确权纠纷案峰回路转，北京高院的最终判决推翻了商评委的裁定和北京市一中院的一审判决。纵观本案，一审与二审证据和认定事实并没有变化，对法律的理解和适用却是正好相反，这种情况还是很少见的。从本案开始，是否代表着对损害他人姓名权产生新的理解，下面进行简单探讨。

近年来，有关注册商标损害他人姓名权的案件不断引起人们的关注。比如，乔丹与乔丹体育侵犯姓名权纠纷、腾格尔与腾格尔酒业之间的商标争议纠纷。每个案件都会遇到这个问题：现行《商标法》第32条（2001年《商标法》第31条）规定了"申请商标注册不得损害他人的在先权利"，姓名权也属于在先权利的一种，那么，究竟什么是姓名权？何种情况下可以认定损害了他人的"姓名权"？

《民法通则》第99条规定，公民享有姓名权，有权决定、使用和依照规定改变自己的姓名，禁止他人干涉、盗用、冒用。姓名权是人格权的一部分，姓名权的客体除了身份证上的姓名，还包括笔名、艺名等已经与特定人联系在一起的名字。姓名权作为人格权，所指代的是特定的人；商标作为知识产权，所指代的是特定商品。一般情况下，商标权和姓名权各行其道，注册商标不会侵犯他人姓名权。比如，如果注册一个普通人的名字作为商标，不会产生损害姓名权的后果。但是，商标和姓名同属文字符号，而文字符号本身具有载誉功能和传导功能。即文字符号可以承载荣誉，人们经常说某人非常有名、某商品值得信赖，所用到的就是文字符号的载誉功能。文字符号的另一功能为传导功能，即同样的文字符号用在不同的领域，具有传导名誉、商誉的功能。比如，某人在某个领域非常成功，他的名字注册为商标之后，相关公众会觉得这个品牌与特定名人之间有关系，该品牌的产品容易被接受并值得信赖。一个人获得很高的名誉或者荣誉是非常不易的，如果未经他人同意，擅自将他人非常有名气的姓名注册为商标，就是一种搭便车、透支损害他人荣誉或者名誉的行为，被我国商标法所禁止。

姓名包括姓和名，即使是笔名、艺名，也需要完整地表述才能指向特定的人。一般情况下，姓氏不受保护，没有人可以对姓氏主张权利。这也是乔丹案在我国诉讼中遇到的主要障碍之一。"IVERSON"商标案件中，北京高院没有把IVERSON单独作为一个姓氏来认定，而是根据中国人对外国人的称呼习惯，认为IVERSON已经与阿伦·艾弗森产生特定联系，已经指向了阿伦·艾弗森这个特定的NBA球星，从而认为注册Iverson商标侵犯了阿伦·艾弗森的在先姓名权。北京高院的观点是："力宝克公司于一审、二审期间提交的证据材料，足以证明中国公众已经将'IVERSON'与Allen Iverson建立了对应关系，'IVERSON'作为著名的NBA球星已经为中国公众所熟知。在此情况下，林则栋未经许可申请注册争议商标，容易导致相关公众将其与Allen Iverson相联系，从而认为相关商品的来源与Allen Iverson有关，损害了Allen Iverson的姓名权。"

知识产权案件在很多情况下不好说是一审法院对还是二审法院对，只是不同的裁判机构考虑的问题可能不一样。相比北京一中院，北京高院看问题的时候站得更高，更多考虑了诚实信用原则以及这一判决所带来的社会影响。笔者认为，这种认定是二审法官在诚实信用原则的基础上行使自由裁量权的结果，这种认定打破了常规，这一判决的裁判原则将对其他类似案件的处理甚至商标注册发挥重大影响。

姓名权的保护范围
——"乔丹"商标案

法院在认定注册商标是否侵犯自然人的姓名权时，会考虑该自然人的知名度，知名度越高，商业价值越高，排斥力应该越大。换句话说，当自然人知名度非常高的时候，其姓名权排斥力会溢出所从事的行业，进入其他行业。这一点与商标权的保护有些相似。

法律规定

《商标法》第32条（2001年《商标法》第31条）规定：

申请商标注册不得损害他人现有的在先权利，也不得以不正当手段抢先注册他人已经使用并有一定影响的商标。

涉案商标

Michael Jordan's Steak House

"MICHAEL JORDAN'S STEAK HOUSE"商标

上海永禾公司申请在第43类咖啡馆、自助餐厅等服务上注册"MICHAEL JORDAN'S STEAK HOUSE"商标，美国琼普海叶公司代表篮球运动员迈克尔·乔丹（Michael Jordan）提起商标异议，认为侵犯迈克尔·乔丹的姓名权。该案经过商标异议、商标异议复审以及行政诉讼一审、二审，最终北京市高级人民法院作出终审判决，认为涉案商标侵犯了迈克尔·乔丹的姓名权，商标不予注册。这一案件引起的争议很大，作为篮球明星的迈克尔·乔丹能否阻止他人在与篮球无关的服务和商品上注册与自己名字相同的商标呢？下面进行简要分析。

《商标法》第32条规定："申请商标注册不得损害他人现有的在先权利，也不得以不正当手段抢先注册他人已经使用并有一定影响的商标。"该条上半段讲的是在先权利的保护，下半段讲的是对有一定影响的未注册商标的保护。之所以出现在先权利保护的问题，是因为商标标识是由文字、图形、立体标识等符号构成，而这些符号除了用在商标上之外，还用在其他地方，会因为其他法律的规定产生其他的权利。即之所以有在先权利的问题，是因为人们对构成商标标识的符号的多领域使用。

我们会在什么地方也使用文字、图形、立体标识等符号呢？作品中会用，著作权人对作品享有著作权，受到著作权法的保护；外观设计中会用，专利权人对外观设计专利享有专利权，受到专利法的保护；企业名称中有，企业对企业名称享有商号权，受到公司法等法律的保护；自然人的名字上有，自然人对自己的姓名享有姓名权，受到《民法通则》等法律的保护；等等。

无论用作什么方式，符号有自身的功能，符号最基本的功能有以下几类：（1）指代功能，即当符号出现时往往是在代表别的事务，而不仅仅是符号本身；（2）传播功能，即符号是传播的工具之一，符号本身的不同还会影响传播的快慢、程度等；（3）信誉集聚功能，即符号往往能集聚他人对符号所代表事务的评价，积攒信誉。符号本身的这些功能可以带来很大的商业价值，让很多人挤破头皮去注册特定的商标，而不是随意注册一个商标来慢慢使用，让这个商标产生商誉。当申请注册商标标识上的符号已经在其他方式中被他人使用，就有了是否侵犯在先权利的问题。

《商标法》第32条虽然只是用了短短的半句话说"不得损害他人现有的在先权利"，但是判断是否损害他人现有的在先权利这个问题上是不简单的。第一，必须是"现有的"在先权利，已经失去的不算"现有的"，还没有得到的也不算"现有的"。之前曾经有公司提出申请保护自己已经不用的企业名称的案件，当时争议非常大，如果有人拿着已经提出申请但是没有授权的外观设计专利来主张侵犯在先权利，也是无法成立的。第二，"在先权利"的权利种类不同，是否构成侵害的判断规则也不同。在这一点上，对著作权和外观设计专利权的保护应该是最严格的，如果申请注册的商标使用了他人的作品，那一般就构成侵犯他人著作权，商标不得注册。比如，把他人的油画注册成商标的情况。同样，把已经申请并授权的外观设计专利的图案申请商标，则会侵犯他人的专利权。但是，对于商号权和姓名权的保护并不是那么绝对的，要根据情况，分析商号或者姓名对于特定商品或者服务领域消费者的影响。

以该案为例。"Michael Jordan's Steak House"商标由"Michael Jordan"和"Steak House"两部分构成。"Steak House"翻译成中文是"牛排餐厅"，因为直接表示服务的内容，所以注册在第43类没有显著性。那么，"Michael Jordan"就成了这一商标的核心部分，只需分析"Michael Jordan"能否注册即可。

大部分人都知道迈克尔·乔丹是美国著名的篮球明星，甚至可能是中国人知道的美国最知名的篮球明星之一。当包含迈克尔·乔丹名字的商标申请注册时，首先要分析其他部分的显著性如何，如果其他部分在特定商品种类没有显著性或者显著性弱的话,就只剩下一个问题,即是否侵犯迈克尔·乔丹的姓名权。关于这一点,商标申请人永禾公司认为迈克尔·乔丹是体育明星,其影响力只应当限制在与体育有关的商品或者服务上;而异议人琼普海叶公司则认为在第43类注册Michael Jordan商标也侵犯了迈克尔·乔丹的姓名权。法院最后支持了异议人琼普海叶公司的主张,在判决书的"本院认为"部分有一句话是非常重要的:"如果某一自然人的姓名具有较高的知名度,且已与该自然人主体形成对应关系,则该姓名作为一种符号,可能成为连接该自然人主体与商品或服务的桥梁,此时若许可将他人姓名申请注册为商标,则可能对该自然人的姓名权造成损害。"也就是说,法院在认定注册商标是否侵犯自然人的姓名权时,会考虑到该自然人的知名度,知名度越高,商业价值越高,排斥力应该越大。换句话说,当自然人知名度非常高的时候,其姓名权排斥力会溢出所从事的行业,进入其他行业。这一论点是非常有道理的,本案中迈克尔·乔丹是一名体育明星,但是除了体育界和体育爱好者,其他的人知道迈克尔·乔丹吗?当然是知道的。从这个方面来看,迈克尔·乔丹已经不仅仅是一个体育明星,而是一个大众明星。第43类服务的消费者大部分人也可能知道迈克尔·乔丹,如果允许他人把迈克尔·乔丹这个姓名注册成商标,则会给消费者带来混淆和误认,也会侵犯迈克尔·乔丹的姓名权。

另外,也不能简单地认为在所有的商品或者服务种类上注册Michael Jordan都会侵犯明星迈克尔·乔丹的姓名权。商品和服务的种类共45类,包含无数种商品或者服务,每种商品和服务的市场均有其特殊之处。如果根据相关市场的特殊情况,能够证明明星迈克尔·乔丹在特定种类商品或者服务领域的确没有影响力或者影响力很低,不会给相关公众造成混淆,在特定种类注册Michael Jordan商标不会侵犯明星迈克尔·乔丹的姓名权还是可以注册Michael Jordan商标的。当然，这就需要进行个案审查，不能一概而论了。

综上，作为一个业内讨论很激烈的案件，"Michael Jordan's Steak House"商标案中，法院确定的保护姓名权的原则对以后相同、相似的案例都有很好的借鉴作用。

输在时间上
——另一"乔丹"商标案

在商标确权行政诉讼中,法院对于单独的名字或者姓氏是否受到姓名权的保护还是根据个案进行考虑,如果能够证明单独的名字或者姓氏与特定的人之间在中国相关公众中已经建立对应关系,就会认为属于姓名权保护的范围。

法律规定

《商标法》第32条规定:

申请商标注册不得损害他人现有的在先权利,也不得以不正当手段抢先注册他人已经使用并有一定影响的商标。

《商标法》第45条规定:

已经注册的商标,违反本法第十三条第二款和第三款、第十五条、第十六条第一款、第三十条、第三十一条、第三十二条规定的,自商标注册之日起五年内,在先权利人或者利害关系人可以请求商标评审委员会宣告该注册商标无效。对恶意注册的,驰名商标所有人不受五年的时间限制。

……

第二章 莫道君行早,更有早行人:在先权利和权利冲突

2001年《商标法》第41条:

……已经注册的商标,违反本法第十三条、第十五条、第十六条、第三十一条规定的,自商标注册之日起五年内,商标所有人或者利害关系人可以请求商标评审委员会裁定撤销该注册商标。对恶意注册的,驰名商标所有人不受五年的时间限制。

……

涉案商标

争议商标:"IVERSON"商标   争议商标:"乔丹"商标

商标是用来区分商品或者服务来源的符号。这些符号或者是文字,或者是图形,或者是两者的结合,或者是声音。商标标识大部分取自已经存在的符号系统,小部分来自商标注册申请人的臆造。前者比如"长城""中南海""中华""联想"等商标,后者有"海尔""耐克"等商标。对于前者来说,这些符号有其本身的意思或者价值,已经有具体的指代事物。比如,"武松打虎"商标图案本身是一幅画,把这幅画注册为商标,起到区分商品或者服务来源的作用,它就成了商标。但是,由于在这种情况下,商标标识所用的符号有其本身的价值和指向,在法律上可能已经有了在先的权利,再用作商标容易产生冲突,可能损害其他人的合法权益。因此,《商标法》规定:"申请商标注册不得损害他人现有的在先权利。"

根据通常的理解,在先权利包括著作权、专利权、姓名权、企业名

称权等权利。在先权利与商标之间有一个共同的特点,即权利的客体均为一定的符号(文字、图形等)。注册商标时可能会使用他人已经有的在先权利的符号的动力在于:符号具有传导功能,可以把该符号已经附着的名气、荣誉等无形财富进行传导。商标注册时选择一个已经有一定名气和荣誉的符号,对于迅速提高商标的知名度和提升商誉有莫大的好处,所以,对商标申请人有很大的吸引力。

在先权利中的姓名权是经常被损害的权利之一。到目前为止,已经有"流的滑""赵本衫""泄停封"等具有侵犯姓名权嫌疑的商标被注册。认定是否损害了他人姓名权有两个看似简单但又难以界定的问题:何为姓名,姓名权的保护范围有多广。

如果从字面上理解姓名权的话,那就是关于姓和名的权利,姓和名结合在一起才能完整地指向一个特定的人。但是如此理解又过于狭隘。比如,鲁迅的姓名应该是"周树人",难道"鲁迅"不属于姓名,不应该得到保护吗?根据这种情况,法律又把笔名、艺名划入姓名的范围。那么,单独的"姓"或者"名"是否可以得到姓名权的保护呢?陈佩斯对"陈佩斯"这三个字有姓名权,但是对"佩斯"这两个字是否有姓名权呢?又如,因为名字组成方式的不同,中国人的姓名为姓在前、名在后,英美人的姓名为名在前、姓在后。由于习惯不同,我们中国人在姓名字数较多的情况下喜欢称呼人的名字,省去姓氏,即称呼姓名的后半部分。所以,把"迈克尔·乔丹"叫作"乔丹",把"阿伦·埃泽尔·艾弗森"叫作"艾弗森"。考虑到这种呼叫习惯,"乔丹""艾弗森"是否也应该受到姓名权的保护呢?

在"IVERSON"商标案件中,商评委认为:"IVERSON"为国外的普通姓氏,与阿伦·艾弗森缺乏唯一对应关系,力宝克公司主张争议商标侵犯阿伦·艾弗森的姓名权,缺乏事实和法律依据,不予支持。

但是这一认定被法院的判决所推翻,北京市高级人民法院认为:力宝克公司于一审、二审期间提交的证据材料,足以证明中国公众已经将"IVERSON"与阿伦·艾弗森建立对应关系,"IVERSON"作为著名的NBA球星已经为中国公众所熟知。在此情况下,林某某未经许可申请注册争议商标,容易导致相关公众将其与阿伦·艾弗森相联系,从而认为相关商品的来源与阿伦·艾弗森有关,损害了阿伦·艾弗森的姓名权。

从北京市高级人民法院的判决,可以认为在商标确权行政诉讼中,法院对于单独的名字或者姓氏是否受到姓名权的保护还是根据个案进行考虑,如果能够证明单独的名字或者姓氏与特定的人之间在中国相关公众中已经建立对应关系,就认为属于姓名权保护的范围。

乔丹体育股份有限公司申请了若干与"乔丹"相关的商标,美国篮球明星飞人乔丹提出商标争议申请。❶ 飞人乔丹的理由其中有一条就是"申请商标注册不得损害他人现有的在先权利"。前面有了"IVERSON"商标案例,本来"乔丹"商标争议案应该考虑到前面案件中法院的认定,做出对飞人乔丹有利的裁定。可惜的是,争议商标申请注册的时间为2002年,飞人乔丹提出争议申请的时间为2012年,中间差了10年。根据我国《商标法》的规定,认为侵犯自己在先权利的,应该在"商标注册之日起五年内"提出争议申请,飞人乔丹因为提出争议申请时已经过了5年,所提出的侵犯自己在先权利的争议申请被驳回。另外,《商标法》各条款所规定的内容、重点不同,其他条款很难替代保护在先权利条款,起到保护姓名权的作用。所以,飞人乔丹针对争议商标所提出的商标争议被商评委驳回。不但如此,即使起诉到法院,也

---

❶ 《商标法》修改之后,根据现行《商标法》的规定,这种情况应提出宣告商标无效申请。

很难遇到与"IVERSON"商标相同的命运。这个最早注册的商标被维持，另外还有一些围绕这一商标注册的防御商标、联合商标，飞人乔丹可以提出无效申请。可惜，因为这一争议商标的存在，其他商标即使被宣告无效，对于乔丹体育来说也影响不大，因为主要的商标还在。

综上，"乔丹"商标案主要是输在了时间上，如果在商标注册之日起5年内提出，也许结果会大不相同。

关于在先权利之著作权
——"金砖Gold Brick"商标案

现在很多人把商标标识进行著作权的登记，其实大部分是劳民伤财，基本上没用。商标和作品虽然存在一些相似之处，但是毕竟起的作用是不同的，一个是在商业活动中区分商品和服务的来源，另一个是在文学、科学创作活动中保护智力成果，重合的地方远远没有不重合的地方多。

法律规定

《商标法》第32条（2001年《商标法》第31条）规定：

申请商标注册不得损害他人现有的在先权利，也不得以不正当手段抢先注册他人已经使用并有一定影响的商标。

涉案商标

争议商标"金砖Gold Brick"

笔者接到过无数这样的法律咨询，"我想注册一个商标，但是被别人抢先注册了，我能不能做个著作权登记，之后用这个著作权证书废掉那个已经注册的商标"或者"我想全方面地保护我的商标，费用太高而不想全类注册商标，我能否做个著作权登记，这样就可以全方位地保护我的商标"。这类问题都是想通过对商标标识的著作权保护来达到保护商标的目的，而且范围越大越好。我们不能去批评这种想法，想走捷径是人之常情，用更小的成本追逐更大的利益是商人的本分。但是，可以分析一下这种方法的可行性，而"金砖Gold Brick"商标案正好提供了这么一个机会。

一位个体工商户申请注册"金砖Gold Brick"商标，北京味多美食品有限责任公司（以下简称"味多美"）提出了商标异议，最重要的理由是：味多美对该商标标志有在先的著作权。味多美为了证明这一点，提交了作品著作权登记证书和相关协会证明。作品著作权登记证书的形成时间晚于商标注册时间，但是里面记载的内容中作品完成时间早于商标注册时间。协会的证明说明味多美在商标注册以前已经使用该商标。那么，这个问题怎么看呢？

"金砖Gold Brick"商标案涉及权利与权利间的冲突（或者说在先权利的保护）问题。权利的冲突问题主要规定在现行《商标法》第32条（2001年《商标法》第31条）上半句，即"申请商标注册不得损害他人现有的在先权利"。著作权属于在先权利的一种，而且著作权作为知识产权，属于一种绝对权，具有类似物权的对世效力。所以，如果申请注册的商标侵犯了他人的著作权，是不能获得注册的。

之所以商标权和著作权产生冲突，原因在于商标标识一般是由文字、图形或者两者的结合以及立体形状、声音等符号来构成的；恰好著作权保护的作品也很大一部分是由文字、图形或者两者的结合以及立体形状、声音（音乐、电影）等符号构成的。当这些符号产生重合时，则产生权利的冲突问题。从这个角度来看，通过对作品进行保护来保护商标也是有道理的。

不过，对商标的保护与对著作权法上作品的保护构成条件是不一样的。只要和已经注册的同种商品或者类似商品的商标标识不冲突，不属于商标法规定的禁注或者禁用的范围，具有显著性的，就可以作为商标标识获得注册，得到商标法上的保护。但是，要成为著作权法保护的作品，则需要具有独创性。

什么是独创性呢？独，即独立完成；创，即有一定水平的智力创作高度。只有具有独创性的作品才是我国著作权法保护的作品。这就回答了一开始提出来的问题：

问题1：我想注册一个商标，但是被别人抢先注册了，我能不能做个著作权登记，之后废掉它？

当然不行，首先作品不是"我"独立完成的，满足不了"独"的要求，没有独创性。

问题2：我想全方面地保护我的商标，但是又不想全类注册，因费用太高，我能否做个著作权登记，这样就可以全方面地保护商标了？

这个要分情况，分什么情况呢？这个问题满足了"独"的要求，就看有没有满足"创"的要求。如果满足了"创"的要求，具有独创性，确实可以起到这样的效果。如果不能满足"创"的要求，则不具有独创性，不能起到保护的作用。

以该案来说，商评委和一审法院在审理"金砖Gold Brick"商标案是否构成对在先权利的侵犯时，先考虑是否有"在先权利"的问题，而没有考虑作品的独创性。因为如果连"在先"权利的问题都没有，就更别提作品的独创性问题了。商评委和一审法院认为味多美公司提供的证据中味多美公司主张著作权的证据仅为著作权登记证书，而著作权登记证书时间在争议商标注册之后。不管登记证书中载明的创作完成时间是何时，均以登记时间为准，因为登记时根本不会审查作品真正的创作完成时间。从这个角度来看，味多美公司确实没有"在先权利"。二审法院结合北京食品协会出具的证明等证据认为该案存在在先权利的问题。这就进入了下一步：商标标识本身是否构成作品，即是否具有独创性的问题。

该案中，二审法院认为"金砖Gold Brick"商标标识本身并不具有独创性，不构成著作权法规定的作品，这是正确的。二审法院的这种判断主要是考虑了独创性中"创"的方面。一个中文词和一个英文词放在一起会有一定水平的智力创作高度吗？一般是没有的。其实，大部分文字商标（包括中文和英文）都会因为字数太少等原因不能满足独创性中"创"的要求，构不成作品。而这也是商标和作品的作用不同导致的。申请人在申请商标时一般喜欢字越少越好，这是由商标本身的功能决定的。而字数少了，基本上没有了著作权法上要求的作品独创性，自然就很难构成作品。也许有一些图形商标或者组合商标中的图形能构成作品，比如武松打虎商标，武松打虎这幅图就有独创性，能构成作品。但是一些比较简单的图形，比如一些固有的几何图、简单的点与线的结合等，则被认为不具有独创性，不能构成作品。不能构成作品，就不存在在先著作权，也就没有权利冲突的问题。

这一案件有很强的现实意义。现在有很多经营者把商标标识进行著作权的登记，其实这大部分是劳民伤财，基本上没用。商标和作品虽然存在一些相似之处，但是毕竟所起的作用是不同的，一个是在商业活动中区分商品和服务的来源，一个是在文学、科学创作活动中保护智力成果，重合的地方远远没有不重合的地方多。所以，建议以后还是采用合适的方式来保护自己的商标，不要过分寻找著作权登记等方式的保护。

商标权利冲突案件中如何证明著作权的归属
——"MASTERART及图"商标案

与其他的商标相比，地理标志商标在构成上有一个突出的特点，即基本上是以"地名+商品名"构成。也许有的地理标志型商标是组合商标，由"图形+文字"组成，其图形往往与特定地域风貌有关，文字往往包含地名。"地名+商品名"构成模式的商标显著性并不强。从语言的表达方式来看，这种模式也经常是在第一性意义上使用符号的方式。

法律规定

《商标法》第32条规定：

申请商标注册不得损害他人现有的在先权利，也不得以不正当手段抢先注册他人已经使用并有一定影响的商标。

《著作权法实施条例》第6条规定：

著作权自作品创作完成之日起产生。

涉案商标

争议商标"MASTERART"

法律上有一个原则，即在行使权利的时候不得侵害他人的权益，也称为权利行使的界限。这一原则在很多法律中都有体现，在商标法上主要体现在《商标法》第32条（修订前的第31条）的规定，即申请商标注册不得损害他人现有的在先权利。

根据目前的司法实践来看，申请商标注册主要可能侵犯的他人在先权利包括著作权、外观设计专利权、姓名权、企业名称权等。这些权利具有相同的特点：其权利对象都是由文字、图形及其结合构成的，与商标的构成相同，所以有了侵权的可能性。

虽然这些权利有相同之处，但是毕竟由不同的法律进行规定，其差异更大。因此，被侵犯的权利不同，在侵犯权利方面所需要的证据也是不同的。著作权与其他几项权利相比，有一个很大的特点：外观设计专利权也好，企业名称权也好，都是由相关国家机关进行登记、注册，在获准登记注册开始产生相应的权利，相关的登记、注册文件也是该权利是否存在的权属证据；著作权不一样，根据我国著作权法的规定，作品完成之日起，就产生著作权，不需要登记、注册的程序，所以，证明谁是著作权人或者作者的证据就与其他权利相比而不一样。

（1）对于已经发表的作品，例如一本书中的插图、封面或者一本画册，在作品上署名的公民、法人或者其他组织为作者。如果没有相反的证据，该位作者就是著作权人。如果署名作者之外的人主张他是著作权人的话，需要提供与署名作者之间的合同、授权书、声明、判决书等证据加以证明。

（2）在商标案件中，著作权登记证书是经常被使用的证据之一，也有人误认为著作权登记证书像专利证书一样属于权属证明。其实，著作权登记证书与专利证书在性质上是不一样的。前面说过，专利权的产生不是自专利技术方案作出之日起，而是自专利申请通过审查并公告之日起，所以，专利证书是专利的权属证明。而著作权自作品完成之日起产生，不用登记，作品也有著作权。因此，著作权登记证书不是作品著作权的权属证明，只是证明著作权权属的证据之一。

根据目前的法律制度，著作权登记过程中并不对作品进行实质审查，所以，作品是原创作品还是侵权作品，著作权登记机构是不管的。在著作权登记证书上有两个时间：一个是作品完成时间，另一个是登记时间。作品完成时间，由登记申请人自行填写；而登记时间是客观的，由著作权登记机构填写。所以，登记时间更具有法律意义。

因为著作权登记证书的以上特点，在实践中，如果主张权利的人提供了著作权登记证书，但又有相反证据证明著作权登记证书登记事项存在问题的，则著作权登记证书起不到相关的证明作用。例如，著作权登记证书上的登记时间晚于商标申请时间的，无论上面写的作品完成时间是什么时候，均不能证明权利归属；著作权登记证书上面登记了作品归属，其他人有相反证据证明作品的作者另有其人的，以其他证据为准。例如，著作权登记证书中写的作者是张三，但是庭审中对方提供了该作品已经发表的证据，在发表的作品中作者署名为李四，那么，法院会认定作者为李四，不是张三。

（3）一般情况下，已经注册的商标不能作为著作权权属的证据。有些案件中，当事人提出的证明作品著作权归他所有的证据是他已经在其他国家或者其他商品、服务种类上注册了相同图形的商标。商标注册证书，只是商标权权属的证据，不是作品著作权权属的证据。即使把某一图形注册为商标，并不排除有其他的著作权人的可能性。例如，有可能是得到其他著作权人的同意，也可能是用了已经超过保护期的作品。

不过也有一些特殊的情况，比如在"MASTERART及图"商标行政确权纠纷一案中，"MASTERART及图"图案由经过艺术设计的英文

"MASTERART"、狮子图形、徽章和外框构成，具有一定的独创性，属于我国著作权法保护的作品。本案的争议焦点是：原告西亚姆瓦拉有限公司是否是"MASTERART及图"商标标识作品的著作权人，如果是的话，则被告张某注册的"MASTERART及图"商标就侵犯了原告的在先权利，应该被宣告商标无效；反之，则原告的诉讼请求不成立，被告张某注册的"MASTERART及图"商标有效。

一审法院认为原告虽然提供了著作权登记证书和在其他国家注册的商标，但是因为著作权登记证书上的登记时间晚于商标申请注册时间，而商标登记证书不是著作权的权属证据，没有支持原告的诉讼请求。应该说一审的判决是比较常见的，一般情况下法院都会这样判。

原告不服判决上诉之后，二审法院根据上诉人提供的"著作权登记证书+在其他国家注册的商标+商品订单等"其他证据，综合在一起认为虽然不能证明上诉人是作品的著作权人，但构成了是作品著作权的利害关系人，利害关系人也是权利人。这种综合判断是一个自由心证的过程，有一定的合理性，但也有一定的风险，值得注意和研究。

综上，打官司就是打证据。只有提供合理且充分的证据观点才能被法院认可，很多人之所以无法提供足够的证据导致败诉，不是没有证据，而是没有保留好证据。要想能够提供充分的证据，就要有赖于平时工作中对证据的收集、整理工作。

判决侵害在先著作权的步骤
——"IMAC"商标案

在先权利为著作权的案件中,裁判机关要审查的其实就是:
(1) 是否存在作品著作权;
(2) 是否构成"实质相同+接触"。

法律规定

《商标法》第32条(2001年《商标法》第31条)规定:

申请商标注册不得损害他人现有的在先权利,也不得以不正当手段抢先注册他人已经使用并有一定影响的商标。

《著作权法实施条例》第6条规定:

著作权自作品创作完成之日起产生。

涉案商标

诉争商标"IMAC"

诉争商标"IMAC"的申请注册日期为2005年8月29日,指定使用在服装、鞋等第25类商品上。据中国商标网显示，2008年5月6日，诉争商标经国家工商行政管理总局商标局（以下简称"商标局"）核准转让至爱玛客（香港）连锁发展公司（以下简称"爱玛客公司"）。2008年12月6日，商标局对诉争商标予以初步审定公告。

在诉争商标法定异议期将满之际，爱玛客公司向商标局提出异议，主张其对美术作品《IMAC》享有著作权，诉争商标的申请注册损害了该公司的在先著作权。

经审查，商标局作出裁定，认定爱玛客公司的异议理由不成立，对诉争商标予以核准注册。爱玛客公司不服，向商评委申请复审。之后，商评委作出复审裁定，认为在未得到爱玛客公司授权的情况下，诉争商标的申请注册行为构成对爱玛客公司现有在先著作权的损害，对诉争商标不予核准注册。

爱玛客公司不服商评委作出的上述裁定，向北京市第一中级人民法院提起行政诉讼。

北京市第一中级人民法院[1]审理后撤销了商评委的被诉裁定，并判令商评委重新裁定。爱玛客公司与商评委均不服一审判决，随后向北京市高级人民法院提起上诉。

北京市高级人民法院经审理认为，爱玛客公司提交的著作权登记证书是证明其享有著作权的初步证据，登记时间晚于诉争商标的申请注册日，而且其中记载的1980年5月6日是爱玛客公司声称的创作完成日期，而不是发表日期，在该公司提交的作品著作权登记申请表中，发表状态选择的是"未发表"。爱玛客公司主张早在1998年1月4日便向商标局提出过"IMAC"商标的注册申请，但是该商标的注册申请已被驳回，因

---

[1] 北京知识产权法院成立之后，此类案件均由北京知识产权法院管辖，北京市第一中级人民法院不再管辖商标行政确权案件。

此，不能以此证明涉案标志在国内已公开。综上，北京市高级人民法院认定，在案证据不足以证明诉争商标的申请注册损害了爱玛客公司的在先著作权，据此终审判决驳回商评委与爱玛克公司的上诉。

申请商标注册不得损害他人现有的在先权利，规定在我国现行《商标法》第32条（2001年《商标法》第31条）。作品的著作权无疑属于在先权利的一种，因为著作权属于知识产权，知识产权具有类似物权的对世效力，排斥力是很强的。商标标识与作品一样，素材都是文字、图形等符号，让两者之间发生权利冲突存在一种经常发生的可能性。

那么，如何判断是否损害著作权？

（1）判断是否存在作品著作权，首先需要判断是否存在作品。根据我国《著作权法实施条例》第2条的规定，著作权法所称作品，指文学、艺术和科学领域内，具有独创性并能以某种有形形式复制的智力创作成果。从这条规定来看，要构成作品需要具备三个条件：①在文学、艺术和科学领域；②具有独创性；③能以某种有形形式复制。有些智力成果发生在工业领域，则可能要寻求专利法的保护，而不是著作权法的保护。比如，某些工业产品的外观设计应该申请专利，而不是作品进行保护。某些文字或者图形过于简单，会被认为缺乏独创性，也同样得不到保护。比如，某些影视剧的名称，出品人非常想得到保护，更适合寻求商标法的保护，因为名称太短过于简单产生不了独创性。还有一些智力成果，没有以有形的方式复制下来，导致不能再现，也无法得到保护。比如，笑谈中有的人会随口"金句"连篇，这些"金句"可能独创性很强，但是没有复制，谈过去就过去了，也难构成作品。

（2）考虑是否侵权时，司法中一般适用"实质相同+接触"的原则。实质相同，是指侵权行为涉及的作品与被侵权作品实质上是一样的，虽然可能存在细枝末节的差异，但是差别不大。接触，即侵权人在侵权行为发生之前有可能接触过被侵权作品。接触表现了一种可能性，而非必然性。比如，被侵权的文章曾经公开发表，那么，接触就是成立的；被侵权的书画曾经公开展览，接触也是成立的。

在"IMAC"商标案中，商标异议申请人（一审被告，二审上诉人）认为IMAC商标侵犯了其在先著作权（其他理由没有被商评委支持，也不是审理要点），并提供了著作权登记证书。在此类案件中，裁判机关要审查的其实就是上面所说的：①是否存在作品著作权；②是否构成"实质相同+接触"。

在这两个问题上裁判机关之间存在认识上的不同。仲裁委认为，IMAC构成美术作品，构成实质性近似，因而构成侵权，但对是否存在接触没有审查。一审法院认为，IMAC缺乏独创性，不构成作品，既然不构成作品，也就不需要再进行"实质性相同+接触"的审查和判断，所以不构成侵权。二审法院认为，经过审查，商标异议申请人提供的著作权登记证书是2013年的，并且发表状态写的是"未发表"，因此，不存在"接触"，不构成侵权，但是对于IMAC是否构成作品，是否构成实质相同，没有做出判断。

再来看这一案件，一审、二审法院的判决结果是正确的，的确涉案商标不侵犯他人的在先著作权。而在判决理由方面，笔者更倾向于一审法院的判决。

（1）IMAC这样的字母组合因为不具有独创性而不构成作品。虽然我国法律对于独创性的要求非常低，但是还是有独创性的要求。根据业界通说以及相关司法实践：一般情况下，字母组合或者文字组合因为过于简单，不具有独创性。虽然商标异议申请人做了著作权登记，但是我国的著作权登记与商标注册、专利申请不同，著作权登记部门并不对独创性进行审查。也就是说，即使进行了著作权登记，也不一定构成我国著作权法保护的作品,享有著作权;反之不进行著作权登记的,不一定没有著作权。

(2)是否具有独创性,是否构成著作权法保护的作品是第一步的判断,如果第一步判断中得出否定的答案,第二步判断就没有必要进行了。也就是说:如果不构成作品,自然不用再考虑是否构成实质近似,是否存在接触。在第一步得到肯定答案的时候,才有必要对是否构成实质近似、是否存在接触依次审查、判断。在满足所有条件的基础上,才能得出侵犯著作权的结论。

综上,在"IMAC"案中,二审法院在最后的结论上是没有问题的,但是在判决书的逻辑结构上存在问题,不如一审法院严谨。

商标与商号的冲突
——"凯洛格"商标案

在相同标识的商标与商号都存在时,如果没有使相关公众产生混淆,也就没有造成"损害",应该允许其共存;反之,如果使相关公众产生混淆,则造成"损害",应该保护在先权利。

法律规定

《商标法》第32条(2001年《商标法》第31条)规定:

申请商标注册不得损害他人现有的在先权利,也不得以不正当手段抢先注册他人已经使用并有一定影响的商标。

涉案商标

凯洛格
Kellogg&Company

异议商标"凯洛格Kellogg&Company及图"

2004年7月,北京凯洛格管理咨询有限公司(以下简称"凯洛格公司")提出注册申请"凯洛格Kellogg&Company及图"商标,指定使用在第35类商业管理咨询等服务上。商标公告之后，知名谷物早餐和零食制造商美国家乐氏公司（以下简称"家乐氏公司"）提起商标异议。

历经商标异议、异议复审及行政诉讼一审，家乐氏公司的主张均没有得到支持。北京市第一中级人民法院判决之后，家乐氏公司向北京市高级人民法院提起上诉。

北京市第一中级人民法院认定，家乐氏公司的企业名称为"Kellogg Company"，被异议商标的主要识别部分"Kellogg&Company"，虽与之相近，但是，家乐氏公司在商标评审程序中提供的证据不能证明该公司提供的商品或服务与被异议商标指定使用的服务相同近似或存在密切关联，现有证据亦无法证明被异议商标的注册和使用能够造成相关公众的混淆、误认，从而致使家乐氏公司的商号权益受到损害。因此，商评委未认定被异议商标损害了家乐氏公司的在先商号权并无不当。

北京市第一中级人民依照《中华人民共和国行政诉讼法》第54条第（一）项之规定，判决：维持商标评审委员会作出的裁定。

北京市高级人民法院认定，在案证据可以证明，在被异议商标注册申请日前，家乐氏公司的"Kellogg Company"商号具有较高的市场声誉及影响，而且其企业管理制度已经成为相关领域中的成功案例进行介绍。由于被异议商标的主要识别部分"Kellogg&Company"与家乐氏公司的在先商号近似程度较高，而且家乐氏公司的企业商誉及影响力足以延伸至被异议商标指定使用的商业管理辅助、商业管理咨询等服务领域，具有密切关联。

据此，法院认定被异议商标的注册与使用容易导致相关公众认为其服务来源与家乐氏公司存在特定联系，或及于家乐氏公司的授权，从而产生混淆，使家乐氏公司的利益可能受到损害，不应予以核准注册，判令国家工商行政管理总局商标评审委员对被异议商标重新作出裁定。

就商号与商标的冲突来说，本案已非第一案，在此之前已经发生过多起类似的案件。不过，就同样一个问题，上下级法院作出截然相反的认定，还是值得我们思考的。

商号是企业名称的组成部分，是企业名称中具有识别功能的核心部分。商标和商号都属于商业标识，都可以成为商业信誉的载体。所不同的是，商标是商品或者服务的标记，商号是商业主体的标记。一个企业可以有若干个商标，但是一个企业只有一个商号。有时，为了识别标识的统一，企业会把自己的商号注册为商标，出现商标和商号相同的情况。

商标和商号的功能相近，不过它们的登记管理分属不同的机构，依据的是不同的法律。在我国，商标的注册管理机构是国家工商行政管理总局商标局，法律依据为商标法；企业名称的登记管理机构是各省市工商行政管理局，法律依据是公司法和《企业名称登记管理规定》。一般情况下，商标注册过程中只会与已经注册的商标进行对比，避免出现相同与近似；企业名称登记时只会与本省（市、自治区）已经注册的企业名称进行对比，避免出现相同或者近似。这种二元结构导致有机可乘，有些经营者为了搭便车把别人的商标注册为自己公司的商号，或者把别人的商号注册为自己的商标，从而使相关公众产生误认，发生权利冲突。比如，有人把"九牧王""万利达"等商标作为商号登记为企业名称，并发生诉讼。

在商标注册过程中与他人的商号发生权利冲突时如何处理？我国现行《商标法》第32条（2001年《商标法》第31条）规定："申请商标注册不得损害他人现有的在先权利，也不得以不正当手段抢先注册他人已经使用并有一定影响的商标。"根据司法实践，商号权已经被纳入在先权利的范围。如果申请的商标注册损害了他人的在先商号权,不得进行注册。

这又提出一个新的问题:是不是只要注册了一个商号,他人就不能注册成为商标了呢?许多人,包括一些法律工作者都有类似的观点。就这个问题而言,还不能如此简单地认定。如果把某个商号注册为企业名称,他人均不能使用与这个商号相同的标识去注册商标,带来的是商标注册被企业名称注册所替代以及文字、图形等符号标识的过分垄断。而且,中国有这么多的省、直辖市、自治区,究竟以哪个省、直辖市、自治区登记的商号为准呢?况且,对于国外企业的商号我们同样也要保护。什么情况下才不能被注册为商标,其实就是判断什么情况下才会造成"损害"现有的在先权利的问题。

世界知识产权组织(WIPO)在其教材(*Intellectual Property Reading Material*)中指出:"由于商号或者企业名称与商标都具有识别功能,因而商号、企业名称和商标之间发生冲突是不可避免的。在先原则和保护消费者对标识所指示的商品或者服务的来源不产生混淆,是解决此类冲突的原则。"我国在司法实践中,也多次把保护在先权利和防止混淆作为解决权利冲突的原则。可以简单地说,在相同标识的商标与商号都存在时,如果没有使相关公众产生混淆,也就没有造成"损害",应该允许其共存;反之,如果使相关公众产生混淆,则造成"损害",应该保护在先权利。

该案中,无论是商评委、北京市第一中级人民法院还是北京市高级人民法院所考虑、论证的重点都是商标允许注册是否与在先商号权造成混淆的问题。第4193035号"凯洛格Kellogg&Company及图"是服务商标,而家乐氏公司是谷物早餐和零食制造商,即属于生产型公司。在商标相同或者近似没有疑问的情况下,商品是否相同或者类似以及如何判断构成混淆成为关键问题。一般情况下认为，不相同的商品和服务之间不会发生混淆的问题。商评委和北京市第一中级人民法院判决家乐氏公司败诉，因为"家乐氏公司在商标评审程序中提供的证据不能证明该公司提供的商品或服务与被异议商标指定使用的服务相同近似或存在密切关联，现有证据亦无法证明被异议商标的注册和使用能够造成相关公众的混淆、误认，从而致使家乐氏公司的商号权益受到损害"。北京市高级人民法院判决家乐氏公司胜诉，因为"家乐氏公司的企业商誉及影响力足以延伸至被异议商标指定使用的'商业管理辅助、商业管理咨询'等服务领域，具有密切关联，因此被异议商标的注册与使用容易导致相关公众认为其服务来源与家乐氏公司存在特定联系，或及于家乐氏公司的授权，从而产生混淆，使家乐氏公司的利益可能受到损害"。那么，为什么在同一个问题上，商评委、北京市第一中级人民法院与北京市高级人民法院得出截然不同的结论呢？

笔者认为，这主要是对如何构成"混淆"的理解不同。商评委一般情况下会要求主张构成"混淆"的一方提供自己的在先权利曾经在商标注册的领域进行过使用的证据，因为只有曾经使用，才发生相关公众的识别问题，进而才考虑是否会造成混淆（这里的使用，指的是中国国内的使用）。而北京市高级人民法院则采取了类似反淡化的理论，从企业商誉及其影响力是否延伸到商标所注册的商品，相关公众是否会对其服务来源与家乐氏公司存在特定联系产生误认等来进行考虑是否构成混淆。商标理论在发展，在对待如何构成混淆的问题上很难说谁对谁错，某种选择或许只是代表着一种发展趋势。既然北京市高级人民法院已经做出终审判决，那么在以后的法律实践中我们要考虑到司法实践的发展与变化，切实地保护自己的在先权利。

企业变更名称的，之前的名称是否属于商标法上的在先权利？

——"四砂 SISHA"商标案

企业名称最本质的作用是区分不同的生产者或者服务者，从这一点上来看，企业名称登记是对企业名称权最根本的保护。如果变更前的原名称在企业登记领域已经得不到保护，说明企业对原名称已经不享有企业名称权。如果企业对原名称在企业登记领域已经不享有企业名称权，在商标法领域就享有企业名称权吗？

法律规定

《商标法》第32条（2001年《商标法》第31条）规定：

申请商标注册不得损害他人现有的在先权利，也不得以不正当手段抢先注册他人已经使用并有一定影响的商标。

《企业名称登记管理规定》第6条规定：

企业只准使用一个名称，在登记主管机关辖区内不得与已登记注册的同行业企业名称相同或者近似。

涉案商标

争议商标"四砂 SISHA"商标

2004年，青岛四砂泰益砂轮有限公司申请注册"四砂 SISHA"商标；2007年1月，商标被公告；鲁信创业投资集团有限公司在公告期内提出异议；商标局做出裁定，裁定鲁信创业投资集团有限公司异议理由不成立；鲁信创业投资集团有限公司不服，向商标评审委员会申请评审，商标评审委员会支持了鲁信创业投资集团有限公司的请求，裁定"四砂 SISHA"商标不予注册；商标申请人不服裁定，起诉到北京市第一中级人民法院，北京市第一中级人民法院判决撤销商标评审委员会裁定；商标评审委员会和鲁信创业投资集团有限公司不服，又上诉到北京市高级人民法院。

经过审理"四砂SISHA"商标注册纠纷一案由北京市高级人民法院做出判决，撤销北京市第一中级人民法院做出的判决，维持了商标评审委员会做出的裁定。从法律程序上来讲，该案已经审理完毕。但是，一波三折的审判过程已经说明该案存在争议。

根据我国《商标法》第32条（2001年《商标法》第31条）的规定，"申请商标注册不得损害他人现有的在先权利，也不得以不正当手段抢先注册他人已经使用并有一定影响的商标"。一般认为企业名称权属于该条"在先权利"的范围，也有许多申请注册的商标因为损害他人的企业名称权而被驳回申请或者撤销。"四砂SISHA"商标案为我们提出了一个问题：企业名称发生变更的，企业对变更之前的原企业名称是否还享有企业名称权？

"四砂SISHA"商标注册纠纷案件中，提出商标异议的当事人为鲁信创业投资集团股份有限公司，而鲁信创业投资集团股份有限公司之前使用的企业名称为"四砂股份有限公司"，2005年变更为："山东鲁信高新技术产业股份有限公司"，之后变更为鲁信创业投资集团股份有限公司。商标申请人为青岛四砂泰益砂轮有限公司，2011年1月7日，被异议商标注册人名义变更为四砂泰益公司。商标公告时间为：2007年1月。通过以上分析可以发现："四砂SISHA"商标注册时，注册申请人青岛四砂泰益砂轮有限公司的企业名称中有"四砂"字号；提出商标异议时，异议申请人鲁信创业投资集团股份有限公司反而已经变更企业名称，新的企业名称中没有"四砂"字号。青岛四砂泰益砂轮有限公司提出注册"四砂SISHA"商标有合理的理由，因为它的企业名称中有"四砂"这两个字。而商标异议申请人鲁信创业投资集团股份有限公司的企业名称中"四砂"两个字都没有了，而且已经变更两次企业名称，对两次变更前的原企业名称还有企业名称权吗？这是个拗口，但又是非常有意思的问题。

笔者认为，因为商标法保护的是现有的在先权利，所以首先要考虑根据产生该"在先权利"的法律依据，该"在先权利"是否属于"现有权利"。根据我国法律规定，我国实行严格的企业名称登记制度。企业名称源于企业注册登记，登记之后企业对登记的名称有企业名称权。我国《企业名称登记管理规定》第6条规定："企业只准使用一个名称，在登记主管机关辖区内不得与已登记注册的同行业企业名称相同或者近似。"《企业名称登记管理实施办法》第31条规定：企业名称有下列情形之一的，不予核准："……（三）与其他企业变更名称未满1年的原名称相同……"从以上规定来看：（1）企业只准使用一个名称；（2）已经登记的名称，登记主管机关将不再同意同行业其他企业登记注册相同或者近似名称，这可以看作企业名称权的排斥力；（3）企业变更名称的，其他企业1年之后才能注册与其原名称相同的名称。

通过以上分析可以看出：在企业名称登记过程中，变更企业名称的，法律只保护变更后的名称。虽然1年之内其他企业不能注册原名称，但是该规定不是为了保护企业名称权，而是为了防止出现市场混淆。需要注意的是：1年之后，其他同行业企业就可以注册原名称了。这说明，变更前的原名称在企业登记领域是不受保护的。企业名称最本质的作用是区分不同的生产者或者服务者，从这一点上来看，企业名称登记是对企业名称权最根本的保护。如果变更前的原名称在企业登记领域已经得不到保护，说明企业对原名称已经不享有企业名称权。如果企业对原名称在企业登记领域已经不享有企业名称权，到了商标法领域就享有企业名称权了吗？笔者认为答案是否定的。

所以，虽然二审判决为终审判决，但是笔者并不认可这一判决。或许二审判决的着眼点在于：（1）异议申请人对"四砂"商业标识的价值做出了贡献；（2）担心允许"四砂SISHA"商标注册会产生混淆。但是，商标权或者民事权益属于私权益，法律给了权利人途径来保护这些权利，比如改名前或者改名后第一时间注册为商标。如果权利人怠于保护自己的利益而导致利益流失的，应该自负其责。有关混淆的问题，不是《商标法》第32条（2001年《商标法》第31条）在先权利条款解决的问题，不应该混为一谈。

综上，笔者认为变更企业名称后，企业对于原名称已经不享有企业名称权，原企业名称已经不是现有的在先权利，不能适用商标法有关在先权利保护的条款进行保护。企业变更企业名称的，如果认为原名称很重要，应该积极采取措施保护原名称中包含的利益。

过了保护期的特殊标志能否注册为商标

——"福娃"商标案

过了保护期的特殊标志不是我国法律保护的特殊标志。根据我国商标法的规定，商标可以分为注册商标和未注册商标。但是，根据我国《特殊标志管理条例》的规定，不对未核准登记的特殊标志和过了保护期的特殊标志进行保护。所以，过了保护期的特殊标志，不属于我国《商标法》第32条规定的现有的"在先权利"。

法律规定：

《商标法》第32条规定：

申请商标注册不得损害他人现有的在先权利，也不得以不正当手段抢先注册他人已经使用并有一定影响的商标。

《特殊标志管理条例》第9条规定：

特殊标志有效期为4年，自核准登记之日起计算。

特殊标志所有人可以在有效期满前3个月内提出延期申请，延长的期限由国务院工商行政管理部门根据实际情况和需要决定。

涉案商标

福娃

第29届奥林匹克运动会组织委员会申请注册的第4908366号"福娃"商标

福娃

争议商标：第15569671号"福娃"商标

特殊标志，是指经国务院批准举办的全国性和国际性的文化、体育、科学研究及其他社会公益活动所使用的，由文字、图形组成的名称及缩写、会徽、吉祥物等标识。特殊标志与商标有很多不同之处，比如：（1）商标主要用于市场经济活动中用来区别不同的商品或者服务的提供者，主要是为了私利；特殊标志用在经国务院批准举办的全国性和国际性的文化、体育、科学研究及其他社会公益活动中，主要是为了公益；（2）商标的保护期限为10年，特殊标志保护期限为4年；（3）商标到期的，商标注册人提出申请可以续展，理论上讲商标可以多次续展，一直续展下去；特殊标志到期后是否能够续展，需要工商总局根据实际情况和需要决定；等等。特殊标志与商标又有很多相同之处，比如：（1）特殊标志与商标都可以由文字、图形及其组合构成；（2）有权在核定范围内使用，有权阻止他人在市场经济活动中使用；等等。

特殊标志与商标的不同之处，决定了特殊标志和商标的授权与保护要适用不同的法律规定；特殊标志与商标的相同之处，决定了特殊标志与商标之间在某些情况下会产生冲突，如某一文字、图形及其组合已经是商标（或者特殊标志），能否作为特殊标志（或者商标）得到注册呢？

对此，立法的时候已经进行了规定。我国《特殊标志管理条例》第10条规定，"同已在先申请注册的商标或者已获得注册的商标相同或者近似的"可以"向国务院工商行政管理部门说明理由并提供相应证据，请求宣告特殊标志登记无效"，如果注册商标被申请为特殊标志，商标注册人可以依据该规定请求宣告特殊标志登记无效。我国《商标法》第32条规定，"申请商标注册不得损害他人现有的在先权利"。如果特殊标志被申请商标注册，特殊标志登记人可以提出商标异议或者申请商标无效。

以上所说的是尚在保护期的特殊标志和商标之间冲突的问题，已经过了保护期的特殊标志，能注册为商标吗？

首先，过了保护期的特殊标志不是我国法律保护的特殊标志。根据我国《商标法》的规定，商标可以分为注册商标和未注册商标。但是，根据我国《特殊标志管理条例》的规定，不对未核准登记的特殊标志和过了保护期的特殊标志进行保护。所以，过了保护期的特殊标志，不属于我国《商标法》第32条规定的现有的"在先权利"，不适用该条的规定。

其次，考虑到过了保护期的特殊标志曾经被使用的事实，重点考虑把过了保护期的特殊标志注册为商标是否"带有欺骗性，容易使公众对商品的质量等特点或者产地产生误认"。

根据我国《商标法》第10条第1款第（7）项的规定，"带有欺骗性，容易使公众对商品的质量等特点或者产地产生误会的"的标志不得作为商标使用。

过了保护期的特殊标志在经国务院批准举办的全国性和国际性的文化、体育、科学研究及其他社会公益活动中曾经使用，往往当时在其使用的领域内影响很大，这种影响不会因为特殊标志过了保护期就会消失，只能随着时间的流逝而越来越小。如果把虽然过了保护期，但是依然在某领域影响较大的特殊标志注册在该特殊领域的商品上，会让相关公众对商品的来源产生混淆、误认，这种情况下不符合我国《商标法》第10条第1款第（7）项的规定，不应被注册和使用。

例如，有一个"福娃"商标案。某个体工商户申请在葡萄酒等商品上注册"福娃"商标，被驳回。该个体工商户不服，起诉到北京知识产权法院。北京知识产权法院判决商标评审委员会败诉，"福娃"商标可以注册。商标评审委员会不服，上诉到北京市高级人民法院，二审法院驳回了商标评审委员会的上诉请求，维持了一审判决。二审法院认为："特殊标志'福娃'的专用期已于2010年4月13日届满，到期后奥组委未提出延期申请，因此特殊标志'福娃'已不再作为特殊标志予以保护。虽然诉争商标与特殊标志'福娃'相同，但其于2008年北京奥运会结束后六年才提出注册申请，且其指定使用的葡萄酒等商品与奥运会及吉祥物福娃的差别较大，故诉争商标使用在葡萄酒等商品上不会使公众认为其与奥运会或吉祥物福娃相关，从而对商品的质量等特点产生错误认识。"

"福娃"作为特殊标志曾经登记在体育活动中，而且影响巨大。即使过期之后，如果在体育用品上注册、使用"福娃"商标，依然可能会让消费者产生混淆和误认，以为与奥运会有某种关系。不过，这种影响只限于特殊标志登记的特殊领域，不应不适当地扩展到其他的领域。

再次，过了保护期的特殊标志申请注册商标，一般不会"有害于社会主义道德风尚或者有其他不良影响"。

根据我国《商标法》第10条第1款第（8）项的规定，"有害于社会主义道德风尚或者有其他不良影响的"的标志不得作为商标使用。

该条规定的是标志本身有害于社会主义道德风尚或者有其他不良影响，并非指特定的人使用该标志会有害于社会主义道德风尚或者有其他不良影响。

我国《特殊标志管理条例》第4条规定"有害于社会善良习俗和公共秩序的"等情况下的，不予注册。该规定虽然与我国《商标法》第10条第1款第（8）项的规定文字表述不同，但是意思基本是一致的。也就是说，如果存在我国《商标法》第10条第1款第（8）项的标志也无法登记为特殊标志，既然被登记为特殊标志，自然一般不会存在违反我国《商标法》第10条第1款第（8）项的情况。

最后，过了保护期的特殊标志注册为商标需要满足我国商标法其他条款规定的要求。

过了保护期的特殊标志申请注册为商标，除了需要满足以上说到的法律规定外，还要满足我国商标法其他条款的规定。比如，在申请注册相同或者类似商品上的存在在先申请的相同或者近似商标的，不得注册；没有显著性的，不得注册，等等。

第三章

寂寞梧桐,深院锁清秋:
商标禁用、禁注纠纷以及其他争议

商标不是从来就有的，而是人类社会发展到一定阶段，几个世纪前才开始出现的。作为商标的文字、图形等符号的历史却很长，这些符号除了作为商标使用，还有其他的用途，而有些用途关涉国家利益、公共利益，这些利益从价值上来讲高于商标利益，为了保护这些利益，法律规定某些符号因为已经有了其他用途而不能作为商标使用，更不能注册为商标，即商标的禁用禁注条款。例如，国名、国徽、国歌不能注册为商标，红十字会的标识不能注册为商标，县级以上的地名不能注册为商标，等等。

商标的作用在于识别商品或者服务来源，所以商标需要有一定的显著性，有了显著性才能被识别。不过，还有一些文字或者图形或者因为过于简单，或者因为是商品的通用名称或者图形，不具有显著性，而不能作为商标注册。例如，一横、一竖等。

因文字、图形等符号过于简单，而认定不具有显著性一般是各商品或者服务类别通用的。因是商品的通用名称或者图形而认定不具有显著性则是相对的，需要根据商品或者服务的类别进行判断。例如，在水果类别上注册"苹果"商标不具有显著性，因为苹果就是水果的一种，但是在电脑类别上注册"苹果"就具有显著性。

颜色、位置商标

——"红底鞋"在中国能否得到保护

如果想得到著作权法的保护，必须是有独创性的文学、艺术、科学领域的作品；如果想得到商标法的保护，需要商标标志具有显著性，并一般要到商标局申请注册；如果想得到专利法的保护，外观设计作品需要具有新颖性，即之前没有过此种设计。

法律规定

《商标法》第8条规定：

任何能够将自然人、法人或者其他组织的商品与他人的商品区别开的标志，包括文字、图形、字母、数字、三维标志、颜色组合和声音等，以及上述要素的组合，均可以作为商标申请注册。

《商标法》第11条规定：

下列标志不得作为商标注册规定：

（一）仅有本商品的通用名称、图形、型号的；

（二）仅直接表示商品的质量、主要原料、功能、用途、重量、数量及其他特点的；

（三）其他缺乏显著特征的。

前款所列标志经过使用取得显著特征，并便于识别的，可以作为商标注册。

律师解读

"红底鞋"是法国高跟鞋设计师克里斯提·鲁布托的招牌标志。据说他在设计一双鞋子时，看到他的助手把自己的指甲涂红，他立即抓住精美的鞋底，直接涂红样品鞋底。而红底鞋也让克里斯提·鲁布托大红大紫，人们评价说红底鞋就像女人的红唇一样性感。一样东西红了之后，麻烦随后而至。作为法国的设计师，还是有一些知识产权法律意识的。为了保护红底鞋，克里斯提·鲁布托先后申请了商标和外观设计专利。但是，克里斯提·鲁布托很快发现红底鞋的创意出现在了很多同类商品上，甚至一些还是行内数一数二的品牌。为了保护红底鞋的设计，克里斯提·鲁布托先后给YSL、Dior、Zara等大牌公司发送了律师函，甚至告上法庭，引起了一系列的案件。而这些案件也引起了设计界和法律界的广泛关注。设计界关注的主要是"设计师的设计如何得到保护"，而法律界关注更多的是"权利的边界在哪里"。其实，这两个问题在很大程度上存在联系，在某些程度上，知道了"权利的边界在哪里"，也就大概了解了"设计师的设计如何得到保护"。

这篇小文章不打算分析这一系列纠纷涉及的具体法律问题，因为那些法律问题主要涉及外国的法律规定，对中国设计师的参考意义不大。本文主要分析一下如果这类案件发生在中国，法律对红底鞋是否可以提供保护，以期通过这些分析，能够给中国的设计师带来实际上的帮助和启迪，让他们知道中国的法律对于设计师是如何进行保护的，以及他们应该如何保护自己的设计。

中国的知识产权法主要由著作权法、专利法、商标法构成。著作权、专利权和商标权保护的对象各不相同，但都有可能对设计师的设计进行保护。下面一一分析这三部法律是否可以保护红底鞋。

因为作品从完成之日起就享有著作权，不用像商标或者专利一样履行注册或者申请手续，所以，如果能够得到著作权法上的保护，对于设计师来说是非常好的选择。那么，红底鞋是否可以得到著作权法的保护呢？

著作权法保护的是文学、艺术和科学的作品，对工业领域的产品不保护。如果红底鞋属于实用艺术品，还有保护的可能性；如果不属于实用艺术品，则不归著作权法保护。那么，什么叫实用艺术品呢？全国人大常委会法律委员会主任委员胡康生在其主编的《著作权法释义》中指出："美术作品包括绘画、书法、雕塑、工艺美术、建筑艺术等。工艺美术又分为两类，一类是陈设工艺，即专供陈设欣赏用的工艺美术品，如象牙雕刻、泥塑等；另一类是日用工艺，即经过装饰加工可供人们日常生活用的实用艺术品，如家具工艺、陶瓷工艺中的碗、杯等。"所以，是否同时具有实用性和艺术性是判断某物品是否属于实用艺术品的标准。另外，还要考虑是否属于大规模生产的产品，一旦属于大规模生产的产品，则离著作权法的保护就远了。

北京知识产权法院陈锦川法官在《著作权法审判：原理解读与实务指导》中提到是否对服装提供著作权法上的保护时指出："对于服装，需要注意的是区分实用服装和表演服装。因为，从使用的角度说，服装又可以分为两种，一种是以成衣为标志的实用性服装，这类服装以实用性为基本特征，其艺术、装饰要求也基本以实用为前提，故此类服装一般不能成为著作权法上的作品；另一类是以服装设计师作为潮流示范的方式推出的，这种服装强调的是艺术性，数量稀少，可以作为实用艺术作品。"❶ 陈锦川法官关于何种服装属于实用艺术品的判断原则，也可以用在鞋上。据此可以认为，鞋有可能会被认为属于实用艺术品，受到著作权法的保护。不过，不是所有的鞋都可以受到著作权法的保护。鞋也可以分为两类：一类是实用性的鞋，用途是满足现实的使用，以实用性的设计为主；另外一类是设计师推出的反映潮流和艺术方向的鞋，主要用途是表演和展览。前一类得不到著作权法的保护，而后一类则有可能会得到著作权法的保护。

据悉，克里斯提·鲁布托的红底鞋不是用于舞台表演或者展览、展示，而是以实用为其基本特征。该红底鞋每年的销售量很大，销往全世界多个国家和地区。所以，这个红底鞋并非属于文学、艺术和科学领域的作品，而是工业产品。作为工业产品，不能得到著作权法的保护。通过这一案件和以上的分析，设计师朋友也可以思考一下自己的设计作品能否能得到著作权法的保护。

排除著作权法的保护之后，下面再说商标法。商标是区分商品来源的标志，消费者通过商标可以知道商品来源于谁。有人说看到红底鞋就以为是克里斯提·鲁布托生产出来的，这句话所指的就是商品来源的问题。根据我国商标法的规定，除非是驰名商标，一般情况下需要注册之后才能得到商标法的保护，并且一般注册商标的排斥力仅限于保护注册的商品种类和类似商品。

根据我国法律规定，红底鞋可以注册为商标吗？首先需要清楚的是，克里斯提·鲁布托最想保护的还是红色，下面先看红色能否作为商标。我国《商标法》规定："任何能够将自然人、法人或者其他组织的商品与他人的商品区别开的标志，包括文字、图形、字母、数字、三维

---

❶ 陈锦川.著作权法审判：原理解读与实务指导[M].北京：法律出版社，2014.

标志、颜色组合和声音等,以及上述要素的组合,均可以作为商标申请注册。"从这一规定来看,颜色的组合有可能申请商标,但是单一颜色不能申请商标。因为颜色属于公共资源并且数量有限,不应该由任何一个单位或者个人垄断。到现在为止,中国尚没有一个单一颜色商标。那么,红色的鞋底能作为商标吗?答案是:红色的鞋底有可能注册为商标,但是也不能注册在鞋这类商品上。我国《商标法》规定:"下列标志不得作为商标注册:(一)仅有本商品的通用名称、图形、型号的……"这个道理就像苹果可以作为计算机、手机商品类的商标,但是不能作为水果类的商标是一样的。鞋底可以被认为是商品的通用图形,不能作为商标注册,无论这个鞋底是什么颜色。也就是说,红底鞋在鞋的商品种类上不能得到我国商标法的保护。

著作权法不能保护,商标法也无法在鞋这种商品类别上进行保护,最后只剩下专利法了。专利法保护的是技术方案,根据我国《专利法》的规定,专利可以分为发明、实用新型和外观设计。根据我国《专利法》的规定,发明是指对产品、方法或者其改进所提出的新的技术方案;实用新型是指对产品的形状、构造或者其结合所提出的适于实用的新的技术方案;外观设计,是指对产品的形状、图案或者其结合以及色彩与形状、图案的结合所作出的富有美感并适于工业应用的新设计。从这个分类来看,如果能够申请专利的话,红底鞋不属于新产品、新方法,也不属于形状和构造的技术方案,而是属于色彩与形状、图案的结合,主要是为了通过这种设计增加美感,提升消费者购买的欲望,应属于外观设计的范围。

那么,根据我国《专利法》的规定,红底鞋是否可以申请为外观设计专利?这要看红鞋底是否符合专利法对外观设计专利的授权性规定。我国《专利法》规定:"授予专利权的外观设计,应当不属于现有设计。"也就是说，如果在此之前已经有了相关设计的话，就不能被授予专利权。已经有证据证明，在克里斯提·鲁布托设计出红底鞋之前，历史上已经出现红底鞋的这种设计。YSL在诉讼中指出，路易十四在17世纪就穿着红底的皮鞋，再到后来的经典童话电影《绿野仙踪》也有红底鞋的设计。既然之前已经有了红底鞋的设计，那么，克里斯提·鲁布托的红底鞋就不能得到专利法的保护，除非做了特别的设计可以与以前的"红底鞋"设计区分开。

也有人可能说，既然不能得到专利的保护，为什么红底鞋还能申请外观设计专利呢？也许在中国，红底鞋也能得到授权。这是因为，授予外观设计专利不进行实质审查，只是进行形式审查，只要符合形式要件就可以得到专利证书。授予专利证书之后，如果想起诉他人，或者有人提出该外观设计专利不符合专利法规定的实质要件，主管机关再根据申请进行实质审查，做出维持或者撤销专利的裁定。如前所述，我国专利分为发明、实用新型和外观设计，只有发明需要通过实质审查才能授权，实用新型和外观设计均不用通过实质审查，形式符合即可授权。所以，一项发明专利的申请到授权可能需要2~3年，甚至更长时间。而一项实用新型或者外观设计的授权，1年左右的时间就足够了。这种规定有利于提高效率，但也带来很多重复申请的专利以及没有新颖性的专利大量出现。当实用新型或者外观设计专利在侵权诉讼中被告提出原告的专利没有新颖性并提供相关证据予以证明的时候，法院一般不会再支持原告（专利权人）的诉讼请求。

以上分析是基于假想红底鞋在中国是否能受到知识产权法的保护，通过以上分析可以知道一些我国知识产权法保护的要点，这些要点包括：如果想得到著作权法的保护，必须是有独创性的文学、艺术、科学领域的作品；如果想得到商标法的保护，需要商标标志具有显著性，并一般要到商标局申请注册；如果想得到专利法的保护，外观设计作品需要具有新颖性，即之前没有过此种设计。如前所述，知识产权法内容庞杂，短短的一篇小文很难说清楚其中的任何一个问题，只是就红底鞋这个案件提出来知识产权保护上的一些要点，希望对中国的设计师有所帮助。

"国+"型商标能否注册

——"国酒茅台"商标案

第一,对"国+商标指定商品名称"作为商标申请,或者商标中含有"国+商标指定商品名称"的,以其"构成夸大宣传并带有欺骗性""缺乏显著特征"和"具有不良影响"为由,予以驳回。

第二,对带"国"字头但不是"国+商标指定商品名称"组合的申请商标,应当区别对待。对使用在指定商品上直接表示商品质量特点或者具有欺骗性,甚至有损公平竞争的市场秩序,或者容易产生政治上不良影响的,应予驳回。

法律规定

《商标法》第9条规定:

申请注册的商标,应当有显著特征,便于识别,并不得与他人在先取得的合法权利相冲突。

《商标法》第10条规定:

下列标志不得作为商标使用:

(一)同中华人民共和国的国家名称、国旗、国徽、国歌、军旗、军徽、军歌、勋章等相同或者近似的,以及同中央国家机关的名称、标志、所在地特定地点的名称或者标志性建筑物的名称、图形相同的;

第三章　寂寞梧桐，深院锁清秋：商标禁用、禁注纠纷以及其他争议

……

（七）带有欺骗性，容易使公众对商品的质量等特点或者产地产生误认的；

（八）有害于社会主义道德风尚或者有其他不良影响的。

……

涉案商标

国酒茅台

"国酒茅台"商标

2012年7月20日茅台集团申请的"国酒茅台"商标通过商标局的初步审查。据说，这已经不是茅台集团第一次申请"国酒茅台"商标，茅台集团已经多次申请注册"国酒茅台"商标，只是以前的申请都被驳回，只有这次通过了初审。"国酒茅台"商标通过初审之后，多家酒类企业已经向商标局提出商标异议。另外，也有人认为该商标的注册符合法律的规定。关于茅台集团是否应该获得"国酒茅台"商标，争议很大。笔者认为：茅台集团不应该获得"国酒茅台"的商标。

商标是一种区分商品来源的商业标志，现在企业一般都会申请商标。企业申请注册商标的直接目的是把自己提供的商品或服务与他人提供的商品或服务区分开，最终目的是通过提供优质商品或服务而在市场竞争中取得一席之地。商标标识是由一些文字或者图画或两者的结合构成，而这些文字或图画除了可以当作商标使用，其本身还有一定的固定含义。文字、图画本身的固定含义优先于商标而存在，有时候被称为商标符号的第一属性。即这些文字的第一属性是其本来的含义，第二属性才是商标意义上的含义。理解商标标识的第一属性是非常有意义的，可

以帮助我们理解好多问题。比如，即使申请成功注册了商标，也只能排斥他人在商标意义上使用这一符号，但是不能限制他人在商标标识符号的第一属性上使用。例如，"青岛"是啤酒的商标，别人生产的啤酒不能用这个商标，但是可以在产品说明中表明自己的产品在青岛生产。另外，商人在选择商标时，之所以选择某一个（些）文字或者图画往往是因为看中了其本身的含义，即该符号的第一属性。比如，快递业喜欢选择体现其作为一种快速通道的字词图画为自己的商标，饮食业喜欢选择体现美食美味的字词图画作为自己的商标，IT也喜欢选择与光、电有关的字词图画作为自己的商标。这些都是因为看中了这些字词、图画本身的固有含义。

字词、图画不同，含义不同。词汇方面，有的是褒义词，有的是贬义词，甚至有些是骂人的话，有些是政治生活中的专有词汇。图画方面，有的图画艺术性很高，有的图画很低俗，也有些图画是专有场合用的，比如五星红旗。因为字词、图画这些符号本身固有的含义不同，决定着有些字词、图画适合做商标，有些字词、图画不适合做商标，所以，商标法规定了若干种不能使用或者不能注册的标识类型。这些字词图画的第一含义有的关系国家尊严，有的关系国家与国家之间的相互尊重，有的关系社会公德，如果被注册为商标使用则可能引发一定的问题。比如，如果带有侮辱性质的词汇被注册为商标，可能有违社会公德，产生不良社会影响；如果国旗被作为商标，不但与国家尊严有关，而且可能会让消费者认为使用该商标商品的质量是由国家信用作为保障的。商标局作为政府审查、批准注册商标的机关，其审批的注册商标不能让消费者认为使用该商标的人与国家信用之间有关系，否则可能构成市场中的不公平竞争。这一点，在我国这样经历过长期的计划经济的国家更为敏感和重要。

何为国酒?"国酒"这个词让人感觉到由政府指定、国家认可,在国际同类产品对比场合中可以代表国家的酒。"国酒"代表了一种国家的认可,好像代表着国家酒业的最高水平。"国酒茅台"这个商标经由国家工商行政管理总局商标局这个国家机关审查通过,普通的消费者会怎么想?会仅仅把这个商标当作一个商标吗?此外,该商标的通过意味着除了茅台,中国再无"国酒"。因为根据商标法的规定,已经注册的商品可以排斥在相同或者类似的商品上注册相同或者相似的商标。"国酒茅台"商标一出世,其他的酒类企业应该就不能再注册"国酒"的商标了。如果这个商标使用到市场上,是不是说明只有茅台才是国酒,只有茅台才能在国际舞台上代表国家,其他的酒无论多好都不是"国酒"了,不能代表我国的酿酒水平?如果使普通消费者产生这种想法,那么,茅台酒是不是获得了一个特殊的地位,其他酒不能再跟茅台平起平坐?政府机关本来应该创造环境,保障市场主体公平、平等的竞争。但是,"国酒茅台"这个商标可能成为茅台进行不正当竞争的工具。因为"国酒茅台"这个商标让人感觉是有国家支持的,国家为其质量、口味进行保证。那么,其他的酒厂怎么能够跟茅台在一个水平线上竞争呢?获得这个商标之后,茅台在市场中的地位可能因为"国酒"这个词而变得超然并且不可超越。这也是茅台千方百计地想得到这个商标,而其他酒厂又不想让它得到的主要原因。

"国酒"这个词汇有国家象征的含义,与国旗、国歌、国徽、国花等相像。但是,国旗、国歌等的确立都是经过法定的表决、批准程序,"国酒茅台"是谁定的呢?经过法定程序没有?是不是企业自己宣传的?如果没有经过法定程序即称"国酒"的话,是不是一种欺骗性的夸大宣传呢?另外,"国+物品"往往是国家的象征,一般用在政治领域,不用在经济领域。"国酒茅台"是经济领域的商标,通过之后会不会有不良影响？进一步说，酒可以有"国酒"，烟是否可以有"国烟"？烟酒不分家嘛。烟酒都有了国烟、国酒，其他的商品就不能有自己的国字头吗？以国人的"智慧"，估计"国茶""国面""国草""国油""国盐"都来了，如果商标局只把国字头给茅台集团不给其他企业，势必违反行政法上要求的平等对待原则，如果每一类商品都有一个国字头的话，是不是回到了计划经济年代，或者还是扩大了权力寻租空间，或者只是一场闹剧呢？

上面是从道理上进行的分析，这些分析在法律上也是有体现的。我国《商标法》第10条规定了禁止作为商标使用的文字、图形，该条规定与我国国家名称和外国名称相同或者近似的、夸大宣传并带有欺骗性的、有害于道德风尚和其他不良影响的商标均不能使用，更不能注册。国家工商行政管理总局出台的《含"中国"及首字为"国"字商标的审查审理标准》，细化了《商标法》的规定。这份规范性文件在第三部分规定：（1）对"国+商标指定商品名称"作为商标申请，或者商标中含有"国+商标指定商品名称"的，以其"构成夸大宣传并带有欺骗性""缺乏显著特征"和"具有不良影响"为由，予以驳回。（2）对带"国"字头但不是"国+商标指定商品名称"组合的申请商标，应当区别对待。对使用在指定商品上直接表示商品质量特点或者具有欺骗性，甚至有损公平竞争的市场秩序，或者容易产生政治上不良影响的，应予驳回。"国酒茅台"商标的构成是"国"字后面加上"酒"字，应该属于"国+商标指定商品名称"，属于该文件第三部分规定的第一种情况。根据该规定，应该以"构成夸大宣传并带有欺骗性""缺乏显著特征"和"具有不良影响"为由，予以驳回。当然，有些人士认为"国酒茅台"商标除了"国酒"还有"茅台"，并非"国+商标指定商品名称"的商标形式。笔者认为如此狭隘地理解这条规定是错误的，否则该规定非常容易被绕开，直接在后面加个字符或者图画不就可以了吗？商标局还是要进行实质审查的。这种形式的组合无论如何都应该属于"国+商标指定商品名称"的形式，属于应该被驳回的范围。即使单独考虑该规范性文件第三部分第2条的规定，"国酒茅台"也不应该被注册，因为如上所述，这个商标的注册将使茅台集团处于跟其他酒类企业不同的市场地位上，将有损公平竞争的市场秩序，在此不再赘述。

无论历史上茅台酒曾经在我国的酒行业占有一个什么地位，今天在市场上它与其他酒厂是一种平等的竞争关系，茅台不应该因为是茅台而得到任何特殊照顾，商标的授予不应该制造地位差异，造成不公平的竞争。"国酒茅台"商标不符合《商标法》和《含"中国"及首字为"国"字商标的审查审理标准》的规定，不应被注册。

所以，"国酒茅台"商标不应问世。

《商标法》第10条第1款第（7）项的适用
——"痛王"商标案

《商标法》的每一条规定都有其特定的内涵和外延，不应彼此之间互相逾越，应该细致地区分《商标法》第10条第1款第（7）项与《商标法》第10条第1款第（8）项规定的不同。《商标法》第10条第1款第（7）项所体现的是诚实信用原则，要求具体的行为人诚实、守信，合理竞争，不搭便车，不获取应当属于他人的利益。《商标法》第10条第1款第（8）项所体现的是公序良俗原则，所保护的是社会主义道德风尚，以及政治、宗教、民族、文化等公共利益和公共秩序。

法律规定

《商标法》第7条规定：

申请注册和使用商标，应当遵循诚实信用原则。……

《商标法》第10条规定：

下列标志不得作为商标使用：……

（七）带有欺骗性，容易使公众对商品的质量等特点或者产地产生误认的；

（八）有害于社会主义道德风尚或者有其他不良影响的。

涉案商标

诉争商标"痛王"

2013年4月,两全其美公司申请注册"痛王"商标,指定使用服务为第44类医疗诊所服务、医疗按摩、医院、保健、远程医学服务、美容院、按摩、桑拿浴服务、疗养院、医疗辅助。2014年3月,国家工商行政管理总局商标局以诉争商标直接表示了指定服务的内容和特点,或易使消费者误认为由,作出商标驳回通知书,对诉争商标的注册申请予以驳回。两全其美公司不服上述商标驳回通知书,于法定期限内向国家工商行政管理总局商标评审委员会申请复审。2015年1月19日,商标评审委员会作出决定认定:诉争商标由中文文字"痛王"构成,易导致消费者对治疗效果、功能等特点产生误认,已构成《商标法》第10条第1款第(7)项所指情形,对诉争商标在第44类服务上的注册申请予以驳回。两全其美公司不服商评委的决定,起诉到北京知识产权法院。北京知识产权法院经过审理认为:诉争商标为"痛王",其中"痛"字上部的一点和"王"字最后一横虽用小三角形做了变形处理,但相关公众一般仍会将其认知为文字"痛王"。诉争商标使用在"医疗诊所服务、医疗按摩、医院"等服务上,直接表示了服务的内容和特点,也易使相关公众对服务的水平产生误认。因此,商标评审委员会认定诉争商标的注册违反《商标法》第10条第1款第(7)项的规定并无不当,予以支持。

两全其美公司不服一审判决，上诉到北京市高级人民法院，北京市高级人民法院维持了北京知识产权法院的判决。

我们应该如何看待和理解《商标法》第10条第1款第（7）项的规定？"痛王"商标为何被认为违反了《商标法》第10条第1款第（7）项的规定呢？

一、反欺骗条款是有关市场竞争法律中的常见规定

商标法一方面是规定商标权利的法律，另一方面也是有关市场竞争的法律。我国《商标法》第1条开宗明义："为了加强商标管理，保护商标专用权，促使生产、经营者保证商品和服务质量，维护商标信誉，以保障消费者和生产、经营者的利益，促进社会主义市场经济的发展，特制定本法。"除了"保护商标专用权"，还要"保障消费者和生产、经营者的利益，促进社会主义市场经济的发展"，而后者目的其实就是保障有序的市场竞争。

在我国有关市场竞争的法律中规定的反欺骗（欺诈）条款的情况有很多。我国《反不正当竞争法》第9条规定："经营者不得利用广告或者其他方法，对商品的质量、制作成分、性能、用途、生产者、有效期限、产地等作引人误解的虚假宣传。"我国《广告法》第4条规定："广告不得含有虚假或者引人误解的内容，不得欺骗、误导消费者。"我国《消费者权益保护法》第20条规定："经营者向消费者提供有关商品或者服务的质量、性能、用途、有效期限等信息，应当真实、全面，不得作虚假或者引人误解的宣传。"

诚实信用原则是民商事法律的基本原则之一，诚实信用原则主要体现在交易过程、市场竞争过程中，有市场就有竞争，竞争是允许的，违背诚实信用的竞争是被禁止的，市场主体的所有经营活动都应该遵守诚实信用原则，无论是做广告宣传还是注册商标。

正是考虑到这一点，2013年我国《商标法》修改时增加了一条规定，即第7条："申请注册和使用商标，应当遵循诚实信用原则。"其实在修改之前，诚实信用原则也是《商标法》的指导原则之一，体现在具体的条款中，其中第10条第1款第（7）项是最直接的体现之一。

二、"容易使公众对商品的质量等特点或者产地产生误认"是该条款的核心

2013年我国《商标法》修改时，除了明确规定诚实信用原则，同时也对第10条第1款第（7）项进行了修改。修改前《商标法》的规定为："夸大宣传并带有欺骗性的"，修改后的规定为："带有欺骗性，容易使公众对商品的质量等特点或者产地产生误认的"，其实修改前与修改后的实质内容没有太大改变，但是表述更加清楚、准确，更体现了该项规定的本质内容。

在《商标法》修改以前，根据该项规定好似必须符合两个条件才能构成第10条规定的禁注和禁止使用：一是夸大宣传，二是带有欺骗性，缺一不可。那么，对于没有夸大宣传但是也带有欺骗性的似乎就不能适用该项的规定了，这种情况下，或者允许注册，或者只能借用第10条第1款第（8）项公序良俗条款中的"其他不良影响"来禁止注册。而第10条第1款第（8）项公序良俗条款就是这样被滥用的，这种"借用"打破了《商标法》各个条款间的平衡与协调关系，有时也经不住司法的审查。修改后的规定更接近该条的真正意义，无论是否存在夸大宣传，只要具有欺骗性，容易使公众对商品的质量等特点或者产地产生误认，那么就属于该条规定的情况，应该被禁止注册并禁止使用。

就该项的内部关系来说，从逻辑上来看，似乎"带有欺骗性"才"容易使公众对商品的质量等特点或者产地产生误认"。但是商标注册并非是一个交易过程，"欺骗"往往很难被发现，递交给商标局的文件往往都是真实的，没有欺骗的成分，商标局仅仅从对申请注册的商标标识本身来判断是否存在欺骗性往往是很武断的，也是很难做到的。笔者认为，在进行判断的时候，应该先判断是否"容易使公众对商品的质量等特点或者产地产生误认"。如果"容易使公众对商品的质量等特点或者产地产生误认"的，则"带有欺骗性"；如果不"容易使公众对商品的质量等特点或者产地产生误认"，则不"带有欺骗性"。在判断这一问题时，并不是一开始就判断是否"带有欺骗性"，而是判断是否"容易使公众对商品的质量等特点或者产地产生误认"。"容易使公众对商品的质量等特点或者产地产生误认"成了因，"带有欺骗性"成了果。

在第29类"新南洋优品乳SPECIAL MILK"商标行政案件中，北京市高级人民法院的判决中在考虑注册商标是否构成《商标法》第10条第1款第（7）项时，主要分析的就是是否"容易使公众对商品的质量等特点或者产地产生误认"。该判决认为："根据2013年《商标法》第10条第1款第（7）项规定，带有欺骗性，容易使公众对商品的质量等特点或者产地产生误认的标志不得作为商标使用。本案中，申请商标指定使用在'加工过的槟榔；紫菜；食用油脂；精制坚果仁；干食用菌'等非牛奶制品上，普通消费者不会误认为生产厂商会在前述商品中添加'奶'或者其原料与'奶'有关，不会对前述商品的原料等特点产生误认，从而导致误购。因此，原审法院认定申请商标指定使用在前述非牛奶制品上不构成2013年《商标法》第10条第1款第（7）项所指情形并无不当，商标评审委员会在第113376号决定中作出的'申请商标用在其他非牛奶制品上易使消费者对商品的原料等特点产生误认，从而导致消费者误购，已构成修改后《商标法》第10条第1款第（7）项所指情形'之认定依据不足，故其有关申请商标已构成《商标法》第10条第1款第（7）项所指情形的上诉理由缺乏依据，本院不予支持。"以上这一判决甚至没有分析注册商标是否"带有欺骗性",我们可以推定该判定认为既然不会"容易使公众对商品的质量等特点或者产地产生误认",那么自然也就不带有欺骗性,"带有欺骗性"的问题就不用再分析。

在一开始讲到的"痛王"商标案件中,法院也是在分析"痛王"商标是否"容易使公众对商品的质量等特点或者产地产生误认",而不是上来就分析"痛王"商标是否带有欺骗性。所以,是否"容易使公众对商品的质量等特点或者产地产生误认"才是判断是否构成《商标法》第10条第1款第(7)项规定的商标禁用情形的核心要素。

三、合理区分《商标法》第10条第1款第(7)项与第10条第1款第(8)项的规定

《商标法》第10条第1款第(8)项规定,"有害于社会主义道德风尚或者有其他不良影响的"不得作为商标使用。有人把该项规定理解为兜底条款,因为该项规定在第10条的最后一项,而且有"其他"两个字。笔者认为该条规定其实是公序良俗条款,并非兜底条款,因为该条虽然有"其他"两个字,但是前半句还有"有害社会主义道德风尚",如果仅有"其他不良影响"还可以视为兜底条款,但是前面已经有了"有害社会主义道德风险",后半句只能为前半句兜底,而不应该为前面的7项兜底。所以,该条应该属于公序良俗条款。

在我国民商事的法律中,公序良俗条款也是常常规定的,而且经常与诚实信用原则规定在一起。《民法通则》第7条规定:"民事活动应当尊重社会公德,不得损害社会公共利益,破坏国家经济计划,扰乱社会经济秩序。"《民法总则》第8条规定:"民事主体从事民事活动,不得违反法律,不得违背公序良俗。"《合同法》第7条规定:"当事人订立、履行合同,应当遵守法律、行政法规,尊重社会公德,不得扰乱社会经济秩序,损害社会公共利益。"可见,与诚实信用原则一样,

在民商事活动中，公序良俗原则也是应该遵守的。

在实践中，在适用《商标法》第10条第1款第（7）项与第（8）项时，有时会出现理解上的偏差与混乱。如在"姚明一代YAOMING ERA"商标案件中，商评委认为申请注册"姚明一代YAOMING ERA"商标违反了我国《商标法》第10条第1款第（8）项的规定，驳回了商标申请人的注册申请，但是法院的终审判决认为："姚明一代YAOMING ERA"商标的注册是对私权利的侵犯，并不存在影响社会主义道德风尚和公共利益，不属于《商标法》第10条第1款第（8）项规定的有其他不良影响的情形，该被异议商标完整包含"姚明"二字，把争议商标使用在商品上，容易使相关公众把被异议商标与姚明本人产生联系，进而对被异议商标指定使用商品的生产、销售主体产生误认，应该属于《商标法》第10条第1款第（7）项规定的不得使用商标的情形。另外，也有其他的类似案例，却出现不同的认定。比如"刘德华"商标案，法院在判决时认为构成了《商标法》第10条第1款第（8）项公序良俗条款规定的情形。所以，实践中还存在不同的观点和看法。

对于实践中不同的观点，笔者认为，或许是因为《商标法》第10条第1款第（7）项的反欺骗条款与第（8）项规定的公序良俗之间本身就有某些相似之处，在某种意义上来看，欺骗本身就是违反公序良俗的；或许是因为《商标法》第10条第1款第（8）项被视为兜底条款，在对其他条款的适用没有把握但是又认为不能予以注册的时候，更愿意用《商标法》第10条第1款第（8）项的规定来拒绝商标的注册。

笔者认为，《商标法》的每一条规定都有其特定的内涵和外延，不应彼此之间互相逾越，应该细致的区分《商标法》第10条第1款第（7）项与第（8）项规定的不同。《商标法》第10条第1款第（7）项所体现的是诚实信用原则，要求具体的行为人诚实、守信，合理竞争，不搭便车，不获取应当属于他人的利益。《商标法》第10条第1款第（8）项所体现的是公序良俗原则，所保护的是社会主义道德风尚，以及政治、宗教、民族、文化等公共利益和公共秩序。如果从两者所规定的目的和体现的原则出发，应该还是可以区分开来的。对于注册名人商标的案件，笔者认为适用《商标法》第10条第1款第（7）项的规定更为妥当。

本文一开始所提到的案件是实践中典型的违反《商标法》第10条第1款第（7）项的案件，"痛王"商标注册在第44类，容易让相关公众认为使用该商标的服务是"止痛之王"，是最好的，而当出现容易理解为"最好""最佳"的时候，就意味着同行都比不上，这会误导相关公众，并产生不公平的竞争。这种情况就如同根据《广告法》第9条的规定，广告中不能使用"国家级""最高级""最佳"等用语是一个道理，都是违反诚实信用原则的，会造成不公平竞争。

综上，在司法实践中需要从诚实信用原则的角度出发，深入理解《商标法》第10条第1款第（7）项规定的内涵与外延，区分该项规定与《商标法》其他规定尤其是与《商标法》第10条第1款第（8）项之间的不同，正确适用该项规定，"以保障消费者和生产、经营者的利益，促进社会主义市场经济的发展"。

有关地理标志特殊规则
——"镜泊湖大豆"商标案

对于中国商标申请而言,需要人民政府或者行业主管部门先行判断是否构成地理标志,如果判断构成地理标志,则开具证明,商标行政机关才能予以注册。商标行政机关不在没有证据的情况下自行判断申请商标中的地名等标志是否可构成地理标志。

法律规定

《商标法》第16条规定:

商标中有商品的地理标志,而该商品并非来源于该标志所标示的地区,误导公众的,不予注册并禁止使用;但是,已经善意取得注册的继续有效。

前款所称地理标志,是指标示某商品来源于某地区,该商品的特定质量、信誉或者其他特征,主要由该地区的自然因素或者人文因素所决定的标志。

涉案商标

镜泊乡大豆

DADOU

"镜泊乡"商标

2005年12月，宁安市镜泊湖大豆协会（以下简称"镜泊湖大豆协会"）向国家工商行政管理总局商标局（以下简称"商标局"）提出"镜泊乡大豆"商标（简称"申请商标"）的注册申请，指定使用在第31类"豆（未加工的）、大豆（未加工的）"商品上。

2007年8月，商标局作出商标驳回通知书，对申请商标的注册申请予以驳回。镜泊湖大豆协会不服该驳回决定，向商标评审委员会（以下简称"商评委"）提出复审请求。

2014年12月，商评委作出商标驳回复审决定书（以下简称"被诉决定"）。该决定驳回了申请商标，主要理由是：申请商标指定使用在豆（未加工的）和大豆（未加工的）商品上，其中中文"镜泊乡"为镜泊湖大豆协会所在地的地名，"大豆"为申请商标指定使用商品的名称。虽然镜泊湖大豆协会明确申请商标不是以"地理标志"作为集体商标申请注册，但申请商标以地名加商品名称的形式作为集体商标申请注册，该种商标组合形式易被相关公众认为其所提供的商品的特定质量、信誉或者其他特征，主要由"镜泊乡"地区的人文因素或者自然因素所决定，从而误认为申请商标为以地理标志注册的集体商标，违反了《商标法》第16条的规定。

宁安市镜泊湖大豆协会不服商评委的决定，起诉到北京知识产权法院。北京知识产权法院撤销了商评委的裁定。商评委不服，又上诉到北京市高级人民法院，北京市高级人民法院驳回了商评委的上诉，维持了北京知识产权法院的判决。这又是一起司法对行政行为进行纠错的案件，对于日后此类商标的申请意义重大。下面简要分析一下本案的关键之处。

这一案件争议的焦点在于如何认识和理解《商标法》第16条的规定，进而判断是否应该适用该条法律的规定。该条法律规定："商标中有商品的地理标志，而该商品并非来源于该标志所表示的地区，误导公众的，不予注册并禁止使用。"之所以如此规定，是因为地理标志作为商业资源是稀少并且非常有价值的，如果被随意注册和使用会造成消费者的混淆，不利于市场诚信竞争，更不利于保护地理标志。比如，如果一个河北的公司或者协会注册"涪陵榨菜"，消费者非常可能会把该"涪陵榨菜"与重庆的涪陵榨菜混淆，即"误导公众"。所以，商标行政机关在审查注册商标申请时，有义务主动审查申请注册的商标中是否含有商品的地理标志；如果有的话，需进一步审查该商品是否来源于该标志所标示的地区；如果不是来源于该标志所标示的地区，则应考虑误导公众的可能性，做出不予注册的决定。如果已经使用的，商标行政机关有权禁止其继续使用。

适用这条法律有一个前提，即争议商标中确实包含"地理标志"。何为地理标志？地理标志与普通地名有何区别呢？《商标法》第16条第2款对此进行了解释："前款所称地理标志，是指标示某商品来源于某地区，该商品的特定质量、信誉或者其他特征，主要是由该地区的自然因素或者人文因素所决定的标志。"这条法律规定虽然对地理标志进行了定义，把地理标志与普通的地名区分开来。但是，谁有权根据该规定判断争议商标中的地名等标志是否构成地理标志呢？或者说，商标行政机关是否能够依据证据以及依据什么证据来判断是否构成地理标志呢？

有关这一问题可以参考《集体商标、证明商标注册和管理办法》第6条规定:"申请以地理标志作为集体商标、证明商标注册的,还应当附送管辖该地理标志所标示地区的人民政府或者行业主管部门的批准文件。外国人或者外国企业申请以地理标志作为集体商标、证明商标注册的,申请人应当提供该地理标志以其名义在其原属国受法律保护的证明。"根据这条规定,商标行政机关并不能在没有证据的情况下自行判断某地名等标志是否构成地理标志,而是需要申请者提供标志标示地区的人民政府或者行业主管部门的批准文件,外国人或者外国企业的则提供受法律保护的证明。可以这样认为:对于中国商标申请而言,需要人民政府或者行业主管部门先行判断是否构成地理标志,如果判断构成地理标志,则开具证明,商标行政机关才能予以注册。商标行政机关不能在没有证据的情况下自行判断申请商标中的地名等标志是否构成地理标志,在地理标志商标注册实践中也是这样操作的。

与主动注册地理标志商标相比,这个案子正好相反,申请人明确表示注册的不是地理标志商标,而是普通集体商标。因为存在"镜泊乡"这个地名,商标审查人员考虑到《商标法》第16条的规定,存在合理怀疑也是情理之中。关键在于:申请人主动申请地理标志商标时,商标行政机关对于是否构成地理标志需要根据当地人民政府、行业主管部门的批准文件以及保护记录等材料来判断;当申请人不主动申请地理标志商标而是申请普通集体商标时,商标行政机关在自行判断争议商标中存在地理标志时不需要当地人民政府、行业主管部门的批准文件以及保护记录就可以自行认定吗?当然不能,否则不符合行政合理性原则,而且会导致行政行为的任性。参考《集体商标、证明商标注册和管理办法》第6条的规定,我们有理由认为:在根据《商标法》第16条的规定判断是否存在地理标志时,也应当有管辖该地理标志所标示地区的人民政府或者行业主管部门的批准文件，申请人为外国人或者外国企业的，应当有在其原属国受法律保护的证明。当然，这种情况下不可能由申请人来提供，而是谁主张谁举证，即应由商标行政机关来提供。而该案的关键在于，商标局在没有任何证据的情况下认为争议商标中包含"地理标志"，根据《商标法》第16条进行了审查，而商标评审委员会也在没有证据支持的情况下，认定争议商标中包含"地理标志"，所以才会导致败诉。

综上所述，根据《商标法》第16条对商标进行审查的前提是商标标志中包含"地理标志"，因是由商标行政机关主动提出的，所以这个举证义务是由商标行政机关承担，即商标局和商标评审委员会。如果没有证据证明商标标志中包含地理标志，则不能适用《商标法》第16条的规定。对于商标标志中包含地名的，只能根据《商标法》第10条的规定进行审查和判定。

"不正当手段取得注册"规定的适用范围
——"关汉卿"商标案

2001年《商标法》第41条第1款是否适用于商标异议程序？该法条的内容为："已经注册的商标，违反本法第十条、第十一条、第十二条规定的，或者是以欺骗手段或者其他不正当手段取得注册的，由商标局撤销该注册商标；其他单位或者个人可以请求商标评审委员会裁定撤销该注册商标。"根据字面意思，该法条规定的是"已经注册的商标"，而异议程序中的商标并没有注册，前提条件不具备。

法律规定

2001年《商标法》第41条规定：

已经注册的商标，违反本法第十条、第十一条、第十二条规定的，或者是以欺骗手段或者其他不正当手段取得注册的，由商标局撤销该注册商标；其他单位或者个人可以请求商标评审委员会裁定撤销该注册商标。

……

现行《商标法》第44条规定：

已经注册的商标，违反本法第十条、第十一条、第十二条规定的，或者是以欺骗手段或者其他不正当手段取得注册的，由商标局宣告该注册商标无效；其他单位或者个人可以请求商标评审委员会宣告该注册商标无效。

涉案商标

安国金泰公司的"关汉卿"商标　　安国市关家园公司"关汉卿"商标

关汉卿是我国元代杂剧作家，祁州（今河北省安国市）人。其代表作为《窦娥冤》。关汉卿已经作古多年，现在却有两家企业为了"关汉卿"这三个字走上法庭，打起了知识产权官司。

安国金泰公司向商标局申请在第31类谷物、植物上注册"关汉卿"商标，商标公告后，被安国市关家园公司提起异议。因为安国市关家园公司也有一个"关汉卿"商标，不过是注册在酒类上，据称"关汉卿"酒有一定的名气。双方的争议从商标局，经过商评委，一直打到北京市高级人民法院。最终，北京市高级人民法院判决安国金泰公司不能在第31类注册"关汉卿"商标，法律依据是2001年《商标法》第41条第1款（现行《商标法》第44条第1款），认定安国金泰公司注册"关汉卿"商标是为了囤积商标，破坏了商标注册秩序，具有恶意，属于"以不正当手段注册商标"的行为。

第三章 寂寞梧桐，深院锁清秋：商标禁用、禁注纠纷以及其他争议

这一案件的焦点是：2001年《商标法》第41条第1款是否适用于商标异议程序。该法条的内容为："已经注册的商标，违反本法第十条、第十一条、第十二条规定的，或者是以欺骗手段或者其他不正当手段取得注册的，由商标局撤销该注册商标；其他单位或者个人可以请求商标评审委员会裁定撤销该注册商标。"（因现行《商标法》修改时加入了商标无效制度，所以现行《商标法》中"撤销注册商标"改成了"宣告商标无效"。）根据字面意思，该法条规定的是"已经注册的商标"，而异议程序中的商标并没有注册，前提条件不具备。

有关2001年《商标法》第41条第1款是否适用于商标异议程序，在理论上一直有争议，司法实践中做法也不一。在该案中，法院使用的是"举重以明轻"的解释方法，认为2001年《商标法》第41条第1款可以适用于商标异议程序中。根据该案判决的逻辑，既然已经注册的商标违反2001年《商标法》第41条第1款的，尚可以撤销。那么，举重以明轻，没有注册成功的商标，违反2001年《商标法》第41条第1款的，更应该不予注册。否则，注册成功之后再撤销（或者无效），显然多此一举。该法院判决的此种认定有一定的道理，这种逻辑更加注重司法的社会效果。

作为上诉人来说，上诉的理由可能存在一些遗漏之处。一审法院已经依据2001年《商标法》第41条第1款的规定判决上诉人败诉，二审中上诉人应该紧紧围绕该条款进行更详细的论证。根据判决书上披露的上诉人的上诉理由，上诉人认为"被异议商标未违反商标法第四十一条第一款的规定，该条款是针对已注册商标，原审判决适用该条款明显属于法律适用错误"，这个理由仅仅抓住了法律适用中的其中的一个问题，即2001年《商标法》第41条第1款不应该适用在商标异议程序中，这显然是不够的。结合该案，上诉人至少还有以下两个方面应该考虑和论证。

（1）2001年《商标法》第41条第1款规定的是"不正当手段取得注册"的，该案中所指的商标注册的手段是什么？这些手段中是否存在"不正当"因素？只有先划定手段的范围，才能进一步分析其正当与否。对于一些不属于"手段"的因素，应该撇清。

例如，该案中法院发现安国金泰公司有大量注册囤积商标的行为，这个行为是否属于"不正当手段"呢？这就需要好好论证。笔者认为，不正当手段取得注册指的是发生在争议商标注册过程中的一些违反法律或者商标局规定的行为，比如通过行贿的方式取得注册，或者通过造假的方式等，是否另外注册囤积商标，不属于"不正当手段取得注册"的范围。

（2）上诉人应该进一步说明自己注册商标的目的，如是否具有使用的意图、是否已经使用，或者为使用做了哪些准备。

二审判决判定上诉人败诉的一个重要原因是法院认为上诉人申请商标不是为了使用，而是为了囤积商标。而囤积商标是一种扰乱商标注册秩序的行为。如果上诉人真的是为了囤积商标，那么存在目的上的不正当性。但是，如果上诉人申请这个商标真的是为了使用，而不是囤积，应该证明自己具有使用的意图并且为了使用而做了准备。

综上，该案的判决结果和逻辑过程有关2001年《商标法》第41条第1款的适用问题，虽然依然存在争议，但该案的判决对司法实践仍有一定的指导意义。对于当事人来讲，遇到此类案件应该更加关注2001年《商标法》第41条第1款背后所蕴含的维护商标注册、使用秩序，维护公共利益立法目的。作为法律工作者，应该继续研究现行《商标法》第44条第1款与《商标法》其他条款之间的逻辑关系，不要把其他条款肩负的任务过多地强加到这一条款上。

商标撤销或无效的主体
——"史奴比SNB"商标案

一旦商标局的决定做出之后,只有申请人和被申请人才是商标局所做决定的当事人,才有权提出复审、起诉,其他人因为不是涉案当事人,不能提起复审和诉讼。

法律规定

《商标法》第54条规定:

对商标局撤销或者不予撤销注册商标的决定,当事人不服的,可以自收到通知之日起十五日内向商标评审委员会申请复审。商标评审委员会应当自收到申请之日起九个月内做出决定,并书面通知当事人。有特殊情况需要延长的,经国务院工商行政管理部门批准,可以延长三个月。当事人对商标评审委员会的决定不服的,可以自收到通知之日起三十日内向人民法院起诉。

涉案商标

争议商标"史奴比SNB"

商标注册成功后不代表万事大吉，如果注册的过程中存在某些"隐疾"，或者注册成功之后使用不当的，他人可以提出商标无效或者撤销商标。对注册商标进行保护，其实是把一部分符号资源由某个市场主体进行垄断，而符号资源是有限的社会财富，如果得到垄断权的市场主体在授权过程中存在问题，或者使用不当的，通过一定的程序让这部分符号重新回到公共领域，这种制度设计符合商标法的立法原则和公平合理原则。

我国商标法在规定可以提起商标无效或者撤销的当事人时，根据导致商标无效或者可撤销的原因究竟是关涉公共利益还是个人利益为基础进行了划分（当然关涉个人利益的同时也会关涉公共利益，只不过首先关涉的是个人利益）。在关涉公共利益的情况下，任何人均可提出注册商标无效或者撤销，如因为违反《商标法》第10条商标禁用条款为由提出商标无效的，任何人均可提出申请；因为违反《商标法》第32条的规定，损害他人在先权利的，在先权利人可以提出商标无效，其他人没有权利。商标注册之后3年没有使用的，其实没有直接损害特定人的权益，而是对公共利益或者不特定利益人的损害，任何人可以提出申请，要求撤销该商标。主张他人商标3年未使用应该撤销的申请人，不用证明自己与被申请撤销商标有无利害关系，同样有无利害关系也不是此类

第三章 寂寞梧桐，深院锁清秋：商标禁用、禁注纠纷以及其他争议

案件审查的内容。

在涉及公共利益时，虽然任何人都可以申请商标无效或者撤销，但是一旦案件的决定书或者裁定书做出之后，对于决定书和裁定书不服的，只有决定书或者裁定书上载明的当事人才能根据法律规定的程序提起诉讼或者申请复审，这时候的原告（或者申请人）是特定的，当事人的地位除非由于法律的规定，不能转让。

例如，在"史奴比SNB"商标案中，主要审理的就是商标纠纷中的主体问题。我国台湾地区的娇娃有限公司申请注册"史奴比SNB"商标，针对该商标，联合菲彻辛迪加公司向商标局提出撤销申请，商标局经审理作出决定，维持了争议商标。一般情况下，联合菲彻辛迪加公司如果不服商标局的决定，可以向商评委申请复审。但是，因为联合菲彻辛迪加公司申请商标撤销的动力是其有一枚"史奴比"商标，后来联合菲彻辛迪加公司把"史奴比"商标权利人转让给花生漫画公司，不再介入纠纷。而花生漫画公司对商标局的决定不服，向商标评审委员会提出撤销复审申请。这个案件中，重点就在于：花生漫画公司是否具备提出评审申请的主体资格。

这个案件中，原申请人联合菲彻辛迪加公司针对涉案商标提出3年不使用撤销的申请，以这一理由提出撤销申请并不需要特定人作为申请人，也无须证明申请人与被申请人以及涉案商标之间存在哪些特定关系或者侵犯了哪些特定权利，任何人均可以提出。不过，一旦商标局的决定做出之后，只有申请人和被申请人才是商标局所做决定的当事人，才有权提出复审、起诉，其他人因为不是涉案当事人，不能提起复审和诉讼。花生漫画公司虽然因为转让取得了联合菲彻辛迪加公司的商标，但是3年不使用撤销商标的案件，不审理商标之间的权利冲突问题，只审理涉案商标是否3年内进行使用的问题，所以法律并没有规定这种情

况下花生漫画公司可以取代联合菲彻辛迪加公司的地位提出复审申请和诉讼，应该视为案外人。对案件的审理也止于程序，没有必要深入实体审查。

在因为侵犯个人利益提出的商标无效申请中——比如因为侵犯在先权利，在先权利人提出的无效宣告——如果相关权利转让的情况下，受让人有权利参加复审和诉讼程序。因为这时涉及的私权利已经发生变动，不让新的权利人参与庭审会损害其利益。在诉讼中，一般根据一方的申请或者法院依职权追加第三人的方式来解决这一问题。

综上，权利变动是不可避免的，权利变动之后新的权利人是否可以参加之前已经进行的商标复审或者诉讼，取决于商标复审或者诉讼的理由和法律依据，对于因公共利益提起涉案商标无效或者撤销的案件，一般继受权利人无法参加，除非提出新的商标无效或者撤销申请。

如何理解与适用商标法上的"一事不再理"原则

我国商标法规定"一事不再理"原则是因为商标注册程序虽然是一个行政许可的行为，但是商标异议、商标评审程序更像是准司法程序：有相互对立的双方当事人；解决的问题实际上是民事权利的问题，即谁可以获得商标权、谁不可以获得商标权的问题；规定了相应的救济程序，这个救济程序可以一直到法院审判程序的二审。这些特点与民事诉讼法非常接近。

法律规定

《商标法实施条例》第62条规定：

申请人撤回商标评审申请的，不得以相同的事实和理由再次提出评审申请。商标评审委员会对商标评审申请已经作出裁定或者决定的，任何人不得以相同的事实和理由再次提出评审申请。但是，经不予注册复审程序予以核准注册后向商标评审委员会提起宣告注册商标无效的除外。

《最高人民法院关于审理商标授权确权行政案件若干问题的规定》第29条规定：

当事人依据在原行政行为之后新发现的证据，或者在原行政程序中因客观原因无法取得或在规定的期限内不能提供的证据，或者新的法律依据提出的评审申请，不属于以"相同的事实和理由"再次提出评审申请。

在商标驳回复审程序中，商标评审委员会以申请商标与引证商标不构成使用在同一种或者类似商品上的相同或者近似商标为由准予申请商标初步审定公告后，以下情形不视为"以相同的事实和理由"再次提出评审申请：

（一）引证商标所有人或者利害关系人依据该引证商标提出异议，国务院工商行政管理部门商标局予以支持，被异议商标申请人申请复审的；

（二）引证商标所有人或者利害关系人在申请商标获准注册后依据该引证商标申请宣告其无效的。

在民事诉讼法和行政诉讼法上有一个"一事不再理"原则。民事诉讼法上的"一事不再理"原则规定在《民事诉讼法》第124条第（5）项，即"对判决、裁定、调解书已经发生法律效力的案件，当事人又起诉的，告知原告申请再审，但人民法院准许撤诉的裁定除外"。另外，行政诉讼法则由相关司法解释进行了明确规定。之所以规定一事不再理原则，是为了节约司法资源，也为了尊重司法既判力。如果一件事情可以反复起诉，法院反复审理，最后判决结果还不一致，既浪费司法资源，也不利于树立司法权威。

我国《商标法》也规定了"一事不再理"原则，修改前的《商标法》主要规定在第42条："对核准注册前已经提出异议并经裁定的商标，不得再以相同的事实和理由申请裁定。"《商标法》修改后，根据新《商标法》的规定所有的商标在核准注册后均不能再申请复审，也就都没有了复审裁定而是改成了申请商标无效程序。原第42条的规定也就删去了。不过，《商标法实施条例》第62条规定："申请人撤回商标评审申请的，不得以相同的事实和理由再次提出评审申请。商标评审委员会对商标评审申请已经作出裁定或者决定的，任何人不得以相同的事实和理由再次提出评审申请。但是，经不予注册复审程序予以核准注册后向商标评审委员会提起宣告注册商标无效的除外。"我国商标法在商标评审程序中依然体现了"一事不再理"原则。

我国商标法规定"一事不再理"原则是因为商标注册程序虽然是一个行政许可的行为，但是商标异议、商标评审程序更像是准司法程序：有相互对立的双方当事人；解决的问题实际上是民事权利的问题，即谁可以获得商标权、谁不可以获得商标权的问题；规定了相应的救济程序，这个救济程序可以一直到法院审判程序的二审。这些特点与民事诉讼法非常接近，如果允许同样的事情可以一再提起和审查则不利于节约行政资源，也不利于维护行政机关裁定、决定和法院判决的既判力。

如何判断是否属于"一事不再理"的范围呢？关键在于在后提出的商标评审与在前提出的商品评审相比，依据的是不是"相同的事实和理由"。在商标评审中，"相同的事实和理由"主要体现在以下几点。

（1）法律依据是否相同。

例如，如果都是依据《商标法》第32条上半句提出的无效申请，那么法律依据相同。但是，如果在前的商标评审依据的是《商标法》第32条上半句，在后提出的依据的是《商标法》第32条下半句，则不属于法律依据相同。

（2）在先权利是否相同。

根据《商标法》第32条提出商标无效的，申请人需要列明在先权利是什么，如果在后提出的商标评审依然依据相同的在先权利提起商标无效的，则属于在先权利相同。

（3）其他相同事实和理由。

如在前商标无效程序中提出争议商标"有害社会主义道德风尚"没有得到支持，再次提出商标无效，理由依然是"有害社会主义道德风尚"，则属于相同的事实和理由。

（4）证明事实的主要证据是否相同，这一点主要体现在两方面。

①引证商标是否相同。如果在前评审中引证商标是A商标，在后商品评审的引证商标也是A商标，则引证商标是相同的，可以认为属于事实相同。在一些案件中，为了避免认为属于相同的事实，申请人会同时提出一些其他的引证商标，但是如果其他的引证商标基本上没有作用，没有比对的价值，这种情况下也属于引证商标相同。

②其他主要证据是否相同。例如，依据《商标法》第13条第2款"就相同或者类似商品申请注册的商标是复制、摹仿或者翻译他人未在中国注册的驰名商标，容易导致混淆的，不予注册并禁止使用"提出他人商标无效的，证明引证商标是"未在中国注册的驰名商标"的证据是主要证据，如果在前评审中提出的证据被认为没有能够证明引证商标属于"未在中国注册的驰名商标"，再一次用相同的证据提起商标无效的，则属于"相同的证据"。

另外，关于在判断是否属于"相同的证据"有两点需要注意。

第一，"相同的证据"一般只考虑主要证据，前后两次商标评审中，虽然证据未必完全一样，但是主要证据相同的，应认定为属于"相同的证据"。何为"主要证据"，需要根据个案判断，主张的事实不同，依据的法律规定不同，"主要的证据"不一样。

第二，不能是"相同的证据"，其实要求再次提出商标评审应该提供"新证据"。这个"新证据"类似于民事诉讼法上的新证据，即在前商标评审中申请人没有发现的证据、上次评审结束形成的证据，不应包括之前商标评审中能提交而未提交的证据。

关于这一点，《最高人民法院关于审理商标授权确权行政案件若干问题的规定》第29条进行了规定："当事人依据在原行政行为之后新发现的证据，或者在原行政程序中因客观原因无法取得或在规定的期限内不能提供的证据，或者新的法律依据提出的评审申请，不属于以'相同的事实和理由'再次提出评审申请。"

例如，在"安莉威Anywhere及图"商标权无效宣告请求行政纠纷一案中，二审判决也提出"本案中，维氏公司结合引证商标一就2001年商标法第十三条第二款所提交的新证据，并不存在在商标争议程序中无法提交的正当理由，其与商标争议程序中提交的证据也不存在实质性差异"，属于"一事不再理"的范围。这说明二审法院在考虑不能是"相同证据"时，实际上适用了"新证据"的标准。

综上，有关"一事不再理"原则的适用还有一些特殊情况，司法实践中仍然有一些争议，在此不再讨论。一般情况下如果事实和理由均相同的商标评审请求，除非有法律的明确规定，应该遵守"一事不再理"原则，对在后提出的申请不予受理。

第四章

随风潜入夜,润物细无声:商标的使用

商标的作用在于区别不同商品和服务的来源，这种作用正是通过商标的使用来实现的。通过商标使用，能让相关公众在特定商标与特定商品之间建立起固定的联系。商标的知名度和美誉度也是通过商标使用来建立的。商标使用如此重要，以至于在某些国家的法律规定中规定商标权的获取方式是通过使用获取（我国法律规定一般情况下商标权的获取方式是通过注册获取）。

2013年《商标法》修改之前，在《商标法》中并没有何为商标使用的定义，在司法裁判中，特定的使用方式是否构成商标使用，往往成为争论的焦点。《商标法》修改之后，特意增加了有关商标使用的定义，对于进一步厘清这一概念意义重大。

在司法实践中之所以关注是否构成商标使用，是因为商标使用与多种商标法律规则有关。例如，在判断是否构成抢注的时候，首先需要查明争议商标在申请注册之前是否被使用以及使用的情况；在判断是否构成代理人注册条款的时候，需要查明争议商标是否被申请人注册以及使用；在判断是否构成驰名商标的时候，尤其是未注册驰名商标的时候，商标的使用至关重要。

根据最高人民法院的司法解释，无论在商标行政纠纷中还是在商标侵权纠纷中，需要区分涉案商标是否进行过使用，以及使用情况如何，这些因素都与判决结果息息相关。

何为商标的使用
——"广云贡饼"商标案

商标的使用应该是一种具有"区别商品来源"的目的,主动把商标使用在商品或者商品包装等处的行为。商标使用是有一定主观目的的,无意为之或者别人为之的行为很难被认为属于商标的使用。

法律规定

《商标法》第32条(2001年《商标法》第31条)规定:

申请商标注册不得损害他人现有的在先权利,也不得以不正当手段抢先注册他人已经使用并有一定影响的商标。

《商标法》第48条规定:

本法所称商标的使用,是指将商标用于商品、商品包装或者容器以及商品交易文书上,或者将商标用于广告宣传、展览以及其他商业活动中,用于识别商品来源的行为。

涉案商标

廣雲貢餅
Guang Yun Gong Bing

广云贡饼
Guang Yun Gong Bing

争议商标　　　　　　　　　　　　　引证商标

律师解读

桂女士于2005年4月11日向国家工商行政管理总局商标局提出注册申请"广云贡饼"商标，商标公告后，广东茶叶公司提出商标异议，并提供了证据证明其持续使用"广云贡饼"商标。广东茶叶公司认为：桂女士属于以不正当手段抢先注册他人已经使用并有一定影响的商标，所以不应该被注册。该案经过商评委、一审、二审、最高人民法院再审，已经审理完毕。桂女士向最高人民法院申请再审的核心理由为：广东茶叶公司没有直接使用"广云贡饼"商标的证据，仅属于被动性使用，主动性使用才属于商标的使用，被动性使用不属于商标使用。最终法院判决桂女士败诉，认定"广云贡饼"商标为广东茶叶公司已经使用并有一定影响的商标。案件虽然到此结束，但这个案件判决思路值得分析。

该案的核心焦点是："广云贡饼"是否属于广东茶叶公司已经使用并有一定影响的商标。如果"广云贡饼"属于广东茶叶公司已经使用并有一定影响的商标，那么法院的判决是正确无误的。如果"广云贡饼"不属于广东茶叶公司已经使用并有一定影响的商标，那么判决可能存在问题。因此，需要搞清楚什么叫作"已经使用并有一定影响的商标"。

不得以不正当手段抢先注册"他人已经使用并有一定影响的商标"，该项法律规则规定在2001年《商标法》第31条下半段。《商标法》修改之后，该条没有改动，规定在现行《商标法》第32条下半段。

所以，无论是《商标法》修改前申请的商标还是修改后申请的商标，都适用同样的规则，正确理解这一问题都非常重要。

笔者认为，"他人已经使用并有一定影响的商标"有两个基本要素：（1）已经使用；（2）有一定影响。所以，该案中需要查明广东茶叶公司是否使用了"广云贡饼"商标，以及"广云贡饼"商标是否有一定影响。这两个要素中，"使用"是最重要的要素，只有广东茶叶公司"使用"了，才有权主张权利归属。如果"使用"无法证明，"有一定影响"也就没有查证的价值了。

什么叫"使用"呢？对此，修改前的2001年《商标法》没有规定，修改后的现行《商标法》进行了规定。虽然商标使用的规定是在修改后的《商标法》中，但是司法实践中，《商标法》修改前也是这样考虑商标使用问题的。所以，本案中我们可以把这条有关商标使用的规定当作参考的依据。

现行《商标法》第48条规定："本法所称商标的使用，是指将商标用于商品、商品包装或者容器以及商品交易文书上，或者将商标用于广告宣传、展览以及其他商业活动中，用于识别商品来源的行为。"从文字表述上来看，商标使用为：有人把商标用在了某处，目的是识别商标来源。从这个表述来看，商标的使用应该是一种具有"区别商品来源"的目的，主动把商标使用在商品或者商品包装等处的行为。即根据该条的规定，商标使用是有一定主观目的的，无意为之或者别人为之的行为很难被认为属于商标的使用。我国司法实践中的"伟哥"案、"索爱"案等，均体现了这一精神。

这一案件的法院判决认为："某一标志能否成为商标，不在于商标权人对该标志是'主动使用'还是'被动使用'，关键是生产者与其产品之间以该标志为媒介的特定联系是否已经建立。"这种意见是值得商榷的，如前所述，无论是现行《商标法》的规定还是之前的司法实践，均考虑商标使用者是否有"识别商标来源"的目的。如果没有此目的，仅仅靠市场和消费者的赐予，无法形成商标权这种私权利。比如，很多报道和消费者把辉瑞制造的治疗男性勃起障碍的蓝色药片称为"伟哥"，但是辉瑞从来没有这样称呼过自己的商品，后来辉瑞起诉要求法院确认"伟哥"属于自己的驰名商标时，被法院驳回了，因为它没有主动使用过。

从判决书内容来看，广东茶叶公司没有证据证明它以"识别商标来源"为目的使用"广云贡饼"商标，以及具体地将"广云贡饼"使用在何处、使用方式等具体细节，其使用的证据主要来自他人书籍上的记录、新闻报道和行业协会的证明，说明不存在主动性使用行为，只有被动性使用行为。如果"主动性使用"才是商标上的"使用"这一前提是正确的话，本案就没有证明存在广东茶叶公司对"广云贡饼"有商标法意义上的商标使用行为。当"使用"无法证明时，"有一定影响"已经失去了查证的价值。

所以，笔者认为这一判决的该部分内容还是值得商榷的。

证明商标使用的举证程度
——"mine"商标案

在商标撤销复审程序及相关的行政诉讼程序中，对于商标注册人提交的证明其商标使用的证据，应当充分考虑企业经营活动的实际情况及商标使用的习惯、商标使用方式的差异性等实践状况，并不要求达到确定无疑或排除一切合理怀疑的程度，只需要达到高度盖然性的证明程度即可。

法律规定

《商标法》第48条规定：

本法所称商标的使用，是指将商标用于商品、商品包装或者容器以及商品交易文书上，或者将商标用于广告宣传、展览以及其他商业活动中，用于识别商品来源的行为。

《商标法》第49条规定：

……注册商标成为其核定使用的商品的通用名称或者没有正当理由连续三年不使用的，任何单位或者个人可以向商标局申请撤销该注册商标。商标局应当自收到申请之日起九个月内做出决定。有特殊情况需要延长的，经国务院工商行政管理部门批准，可以延长三个月。

涉案商标

"mine"商标

广州市固达塑料工艺包装有限公司（以下简称"广州固达公司"）注册了"mine"商标，屈臣氏企业有限公司以该商标3年不使用为由请求撤销该商标。该案经过商标局、商标评审委员会、北京市第一中级人民法院、北京市高级人民法院、最高人民法院，基本上走完了所有的救济程序，最终尘埃落定：广州固达公司保住了"mine"商标。有意思的是，广州固达公司在北京市第一中级人民法院一审和北京市高级人民法院二审时交的证据与最高人民法院提审的证据是一样的，不一样的是：最高人民法院对证据的认定与北京市第一中级人民法院和北京市高级人民法院不同。所以，该案审理过程中有关注册商标使用中证据证明程度的判定标准问题就成为一个主要问题。

根据《商标法》以及相关司法实践，注册商标的使用指的是注册商标用到了核定使用的商品（或服务）上并投向了市场，起到区分商标来源的作用。即（1）注册商标使用在了核定商品上，比如印刷在商品适当位置、印刷在商品外包装上等；（2）投向了市场，比如签订买卖合同、储存运输商品、进行广告宣传，等等。

根据商标法有关撤销3年未使用商标的规定，如果商标注册人主张自己实际使用了注册商标，需要提供在申请人申请撤销争议商标之日前3年内争议商标的使用证据。而这些使用证据的提供在司法实践中往往存在困难，主要困难之处在于：（1）企业的主要任务是生产、销售，尤其是民营企业，基本上没有档案保存、管理等方面的意识，商品生产之后销售出去，往往留下的仅仅是合同。而合同本身作为孤证，仅能证明签署了相关合同，不能证明实际履行了相关合同；（2）我国企业的经营中，在发票、合同上习惯写明商品种类，很少写到什么品牌的什么商品这么细致，尤其是发票中，而发票往往又是证明存在销售的关键性证据，等等。

因此，如果要求争议商标的商标注册人用一份关键证据就可以证明争议商标的商品生产以及销售往往是不可能的，即使要求商标注册人用同一组证据（如同一批货物的生产、销售）也往往非常困难。如果无视这一现实，对商标注册人要求过高，可能有失公平，造成大量的实际使用的商标被撤销。

该案中，一审、二审认为广州固达公司提交的证据未能形成完整的证据链证明争议商标在规定期限内进行了真实有效的商业性使用，有其道理。因为严格来说，广州固达公司提交的部分证据分属不同的时间、不同批次的商品，本身没有多少关联性，没有一份证据可以单独证明有对争议商标的使用行为，而结合起来又不存在关联关系。例如：广州固达公司提交的附有复审商标的产品外包装复印件、实物及实物照片，均未显示时间，不能证明这些商品是在提出商标撤销申请之日前3年内的期间生产和使用的，而在此期间签订的合同又没有争议商标的标识，也没有想过在正式发票上载有争议商标字样，所以一审、二审法院判决广州固达公司败诉也是有原因的。但是，是不是这些证据之间互相不具有直接的关联性就可以不用考虑呢？如果采取这种标准，则很多实际使用的注册商标均存在被撤销的危险。

最高人民法院的判决认为："虽然广州固达公司在商标复审程序中提交的每一份证据单独来看可能证明力有限，但是在商标撤销复审程序及相关的行政诉讼程序中,对于商标注册人提交的证明其商标使用的证据,应当充分考虑企业经营活动的实际情况及商标使用的习惯、商标使用方式的差异性等实践状况,并不要求达到确定无疑或排除一切合理怀疑的程度,只需要达到高度盖然性的证明程度即可。"最高人民法院认为充分考虑企业经营活动的实际情况及商标使用的习惯、商标使用方式的差异性等实践状况,综合这些证据的情况,从常理方面分析,认为原告在日常经营中存在注册商标的使用行为更符合目前我国国情,有利于保护商标注册人的合法权益。相信,该判决对后面的案件会产生积极的影响。

如何看待台湾地区商标的使用

——"茱丽雅"商标案

台湾是中国的一部分,这是不争的事实。但是,从法律上来讲,在台湾、香港、澳门地区使用商标的事实并不构成我国商标法上所讲的商标的使用,只有在大陆范围内的使用才是我国商标法上的商标使用。

法律规定

《商标法》第48条规定:

本法所称商标的使用,是指将商标用于商品、商品包装或者容器以及商品交易文书上,或者将商标用于广告宣传、展览以及其他商业活动中,用于识别商品来源的行为。

涉案商标

北京茱莉雅婚纱摄影中心注册的"茱丽雅"商标

律师解读

笔者办理的案件中，当庭判决的案件不多，其中"茱丽雅"商标案是其中的一个。

"茱丽雅"商标是一个"文字+图形"组合商标，该商标由北京茱莉雅婚纱摄影中心注册，注册种类为第41类，商品为婚纱摄影服务。北京茱莉雅婚纱摄影中心是一家老店，在北京深受消费者欢迎，获得过许多荣誉证书，在北京已经开设多家分店。该公司于2009年获准注册"茱丽雅"商标，并用在自己的商业活动中。

台湾有一家茱莉亚礼服有限公司，据说这家公司做的礼服非常有名，小S、林志玲都是它的客户。因为台湾的茱莉亚礼服有限公司在发展过程中曾经主要做婚纱、礼服销售、出租等商品和服务，所以它2003年就在大陆注册了"茱麗雅"商标，注册种类为第45类，商品为婚纱出租、礼服出租等。后来，这家公司又开始从事婚纱摄影服务，但是在大陆一直没有在婚纱摄影服务项目上申请注册商标。近年来，据说这家公司也开始在北京等地开分店，分店主要做婚纱摄影等业务。这样，这两家企业名称相似、经营范围相似的公司到了一个地方就产生竞争，有竞争就有了纠纷。

台湾茱莉亚礼服有限公司向商标评审委员会提起商标评审案件，要求撤销北京茱莉雅婚纱摄影中心的"茱丽雅"商标，主要理由是台湾茱莉亚礼服有限公司早就在"茱丽雅"商标注册之前就开始在婚纱摄影领域使用"茱麗雅"商标，并且有一定的名气，北京茱莉雅婚纱摄影中心申请注册"茱丽雅"商标与它的商标相似，属于抢注行为，应该被撤销。（其实，2013年《商标法》的修改已经将已经注册商标可以提起的撤销程序改成了宣告商标无效程序，目前此类纠纷需要向商评委申请宣告商标无效。就该案的理由来看，与目前的商标无效程序并没有实质上的区别，所以该案依然有借鉴价值。）商评委经过审查，并没有支持台湾茱莉亚礼服有限公司提出的商标复审请求，根据法律规定，在商评委作出裁定之后的法定时间内，台湾茱莉亚礼服有限公司向北京市第一中级人民法院（北京知识产权法院成立之后，此类案件已经全部由北京知识产权法院管辖，北京市第一中级人民法院不再受理）提起行政诉讼。

笔者代表北京茱莉雅婚纱摄影中心参加了诉讼，在诉讼中发现：台湾茱莉亚礼服有限公司提供的证明它在婚纱摄影方面使用"茱麗雅"商标的证据均产生于我国的台湾地区，并且这些证据的真实性都不可考证。所以，除了说明北京茱莉雅婚纱摄影中心注册"茱丽雅"商标的合理理由以及北京茱莉雅婚纱摄影中心良好的企业信誉之外，重点向法庭说明商标使用的地域性问题，即虽然台湾地区是我国不可分割的一部分，但是由于历史原因，两岸在法律上实行不同的法律制度，即属于不同的"法域"，处理与台湾的法律关系一般适用双边条约或者国际规则，而不适用我国的国内法；我国商标法上的商标的使用，是指商标在我国大陆范围内的使用，目前台湾、香港、澳门地区尚不包括在内，所以即使可以证明台湾茱莉亚礼服有限公司在台湾地区婚纱摄影领域使用过"茱麗雅"商标，也不构成我国商标法规定下的商标的使用。在法庭调查过程中，台湾茱莉亚礼服有限公司的代理人亲口认可他们没有在大陆范围内、婚纱摄影领域内并在争议商标"茱丽雅"商标注册之前使用过"茱麗雅"商标。

笔者认为：既然都没有在大陆使用过，更谈不上在大陆相关市场有多大的名气，所以要求法院驳回台湾茱莉亚礼服有限公司的诉讼请求。本案法官经过短时间合议，接受了我们律师的意见，当庭驳回了台湾茱莉亚礼服有限公司的诉讼请求。

这个案件告诉我们如何看待台湾地区商标使用与我国商标法上所讲

的"商标使用"的关系问题。台湾是中国的一部分,这是不争的事实。但是,从法律上来讲,在台湾地区以及香港、澳门地区使用商标的事实并不构成我国商标法上所讲的商标的使用,只有在大陆范围内的使用才是我国商标法上的商标使用。

商标是一个企业商誉的载体,创建一个知名品牌不容易。建议想到大陆发展的台湾、香港、澳门地区的企业尽快到大陆注册商标,想到台湾、香港、澳门地区发展的大陆企业也尽快到港澳台地区注册商标,防止此类纠纷的发生。

浅谈地理标志商标的合理使用

与其他商标相比，地理标志商标的标志在构成上有一个突出的特点，即基本上是以"地名+商品名"构成。也许有的地理标志型商标是组合商标，由"图形+文字"组成，其图形往往与特定地域风貌有关，文字往往包含地名。

"地名+商品名"构成模式的商标显著性并不强。从语言的表达方式来看，这种模式也经常是在第一性意义上使用符号的方式。

法律规定

《商标法》第59条规定：

注册商标中含有的本商品的通用名称、图形、型号，或者直接表示商品的质量、主要原料、功能、用途、重量、数量及其他特点，或者含有的地名，注册商标专用权人无权禁止他人正当使用。

三维标志注册商标中含有的商品自身的性质产生的形状、为获得技术效果而需有的商品形状或者使商品具有实质性价值的形状，注册商标专用权人无权禁止他人正当使用。

……

我国商标法规定了合理使用制度，即《商标法》第59条规定："注册商标中含有的本商品的通用名称、图形、型号，或者直接表示商品的质量、主要原料、功能、用途、重量、数量及其他特点，或者含有的地名，注册商标专有权人无权禁止他人正当使用。"在侵犯地理标志类商标案件中，被告经常以合理使用作为抗辩的主要理由。例如，在多起涉及侵犯"舟山带鱼"商标案中，被告均主张涉案商品的确是来自舟山的带鱼，对"舟山带鱼"四个字的使用属于合理使用的范围。那么，为什么商标法会规定商标的合理使用制度，侵犯地理标志商标案件被告为何经常主张合理使用，合理使用需要举证证明吗？

一、规定商标合理使用制度的原因

1. 商标法是利用符号做的一个巧妙制度设计

商标法是一个很有趣的制度设计，这个制度把与商品或者服务不相干的符号（文字、图形、声音、形状）等与具体的、特定的商品或者服务联系起来，在一定的语境范围内，当提到这个符号时，就能够代表对应的特定的商品或者服务。比如联想，在某些语境下，提到这个词的时候人们脑海中出现的不是去想什么东西，而是说的人和听的人都知道指的是联想笔记本电脑。

要强调一定是与特定的商品或者服务不相干的符号，是为了能够让人辨别。比如，苹果商标可以用在手机这个商品上，但是用在水果这一类，则会带来困惑和不能分辨，如苹果牌苹果、苹果牌香蕉，说的人和听的人都会一头雾水。这就是为什么商标法要规定商标要具有显著性。

如此巧妙的制度设计，既可以让相关公众分辨出不同的商品和服务，又有利于特定的商品和服务被广泛传播，无论对商品服务的提供者还是消费者都有利。不过，因为这种制度要利用符号，那就在既有的符号的世界里创造出另外一个世界。

2. 符号世界的变化

符号（文字、图形、声音、形状）的诞生，一方面代表着人类对世界的认识不断提高，另一方面也是人们沟通、交流和表达的需要。符号刚开始的功能在于传情达意，与商业世界没有关系。符号是怎样跟商业扯上关系，出现商标的呢？或许是人们慢慢发现符号具有区别功能、指代功能和传播功能。区别功能可以让一个人做的东西跟别人做的东西区别开，比如在某些商品上打上工匠的名字，有了问题可以找到特定的人；指代功能和传播功能可以让这个符号以及符号代表的事物得到很好的传播，比如诗人的名字可以跟他的作品一起流传千古，而名字和作品都是由符号组成的。随着经济的发展，有聪明人设计出商标法律制度。

当商标出现之后，符号的世界发生了变化，有一部分符号除了传情达意，还开始作为商标承担指代商品或者服务来源的功能。问题在于：作为商标的这些符号往往仍然有传情达意的功能。比如，当人们说"长城"的时候，或许某些时候人们说的是一种品牌的汽车，更多的时候指的是"万里长城"。

为了进行区分，可以把兼具两种功能的符号的使用方式分为第一性意义上的使用（传情达意的使用）和第二性意义上的使用（商标意义上的使用）。

3. 合理使用，其实是第一性意义上的使用，即非商标性使用

有人把商标的合理使用理解为：虽然使用了商标，但是因为法律的特别规定，不属于侵权的例外规定。其实这种理解是有问题的。商标的合理使用，其实并非商标的使用，即看似是对商标标志的使用，其实是在符号第一性意义上的使用，根本不是对商标标志的使用。

比如，"田七"既是一种中草药，又是一种牙膏的商标，如果另外一种牙膏在自己的配方上写上"田七"，虽然使用了"田七"这个符

号,但是并非在第二性意义上使用"田七",而是在第一性意义上使用"田七"这个词,并非是一种商标性使用。

二、在侵犯地理标志商标案件中被告为何经常主张合理使用

1. 何为侵犯地理标志商标案件

我国《商标法》第16条第2款规定:"地理标志,是指标示某商品来源于某地区,该商品的特定质量、信誉或者其他特征,主要由该地区的自然因素或者人文因素所决定的标志。"

地理标志可以注册为普通商标,但是限制比较多。我国《商标法》第10条中规定:"县级以上行政区划的地名或者公众知晓的外国地名,不得作为商标。"第16条中规定:"商标中有商品的地理标志,而该商品并非来源于该标志所表示的地区,误导公众的,不予注册并禁止使用。"通过以上规定可以得出:如果地理标志中包含县级以上行政区划的地名或者公众知晓的外国地名,不能被注册为普通商标;如果申请注册的商品并非来源于地理标志所表示的地区的,不能被注册为普通商标。两个不能之后,可以注册的范围是非常小的,不过也有可能性,即地名应为县级以下行政区划或者中国公众不熟悉的外国地名,并且商品要来源于所表示的地区,那么就可以注册为普通商标。

地理标志经常被注册为集体商标或者证明商标。《商标法》第10条中虽然规定了县级以上行政区划的地名或者公众知晓的外国地名不能作为商标,但是同时做出了例外性规定,即"作为集体商标、证明商标组成部分的除外"。大量的地理标志商标都是集体商标或者证明商标,比如舟山带鱼、西湖龙井、金华火腿等。从地理标志所体现的一定区域的商品的特性这一功能来看,被注册为集体商标或者证明商标更符合地理标志的本质。

无论是普通商标、集体商标还是证明商标,包含地理标志的,都可

以称为地理标志商标案件。

2.地理标志商标标志的构成特点

与其他的商标相比,地理标志商标标志在构成上有一个突出的特点,即基本上是以"地名+商品名"构成。也许有的地理标志型商标是组合商标,由"图形+文字"组成,其图形往往与特定地域风貌有关,文字往往包含地名。也就是说,地名往往是地理标志型商标的核心组成部分,也是其主要识别部分,比如,涪陵榨菜、库尔勒香梨、信阳毛尖、西湖龙井、舟山带鱼等。

"地名+商品名"构成模式的商标显著性并不强。从语言的表达方式来看,这种模式也经常是在第一性意义上使用符号的方式。比如,在市场上的西瓜,经常用产地来进行区分,比如"东北西瓜""大兴西瓜"等,消费者在购买的时候也会简单地说买"东北西瓜",这种语境下要表达的应该是买"产自东北的西瓜",而非某个品牌的西瓜。这种区分方式已经成为一种商业习惯,很难说是一种商标性使用。

正因为如此,在此类侵犯商标权的案件中,被告经常会主张自己对地名的使用是一种陈述性使用,并非商标性使用,因为自己的商品真的来自这个地方,属于合理使用的范围。

三、司法实践中曾经被判定侵权的地理标志商标使用方式

1.提供的包装盒、包装袋与地理标志商标标志相同或者近似

一些销售散装食品、茶叶的经营者会提供包装盒、包装袋,如果这些包装盒、包装袋上面突出使用了与地理标志型商标相同或者相似标识,则可能会侵犯商标权。

在杭州市西湖区龙井茶产业协会诉上海市某茶行一案中,终审判决认为:某商行原本销售的系散装茶叶,但在销售时向消费者提供了带有"西湖龙井"及"西湖龍井"标识的包装盒,此行为构成"未经商标注

册人的许可,在同一种商品上使用与其注册商标相同或近似的商标",构成商标侵权。

2. 被告既使用被告注册的商标又突出使用与地理标志商标相同或者相似的标识

在很多案件中,被告有自己申请注册的商标,也规范地使用了自己注册的商标,但是同时突出使用了与地理标志商标相同或者相似的标识,是否构成侵犯商标权呢?答案是肯定的。

在盘锦大米协会起诉某食品厂侵犯商标权一案中,二审法院指出:某食品厂未能提交证据证明所生产的涉案商品大米的原产地来自辽宁省盘锦市,同时,其在涉案商品包装袋上标注使用"××"商标,又使用"盘锦大米"文字,因该文字被以突出方式标注使用,已经起到标识大米来源的作用,具有商标性使用的效果,会使相关公众据此以为涉案商品大米系原产于盘锦市。在此情况下,其在涉案商品上突出标注"盘锦大米"文字的行为,不属于正当使用,构成侵犯涉案商标专用权的行为。

3. 商标的不规范使用构成侵权

在一些案件中,被告会以被告也注册了商标或者经过授权有权使用他人已经注册的商标进行答辩,这种情况下,如果被告没有规范使用其注册的商标或者被许可使用的商标,容易造成混淆的,也构成侵权。

在射阳县大米协会诉某米厂侵害商标权纠纷一案中,原告的商标是"射阳大米及图",被告从他人处被授权使用商标"射塲shechang"。在使用过程中,某米厂故意将"射塲大米"文字、"米"变形图案和长方形边框要素组合而成"射塲大米及图"标识使用。经过对比,与原告的"射阳大米及图"商标非常近似,主观上具有攀附原告注册商标的故意,构成侵犯注册商标权。

4. 使用地理标志商标的主要识别部分，构成侵权

在一些案件中，被告并没有完整、全部地使用涉案地理标志商标，这种情况下是否构成侵权呢？根据现有案例，这种情况主要比对商标的主要识别部分，如果主要识别部分构成相同或者近似的，则构成侵权。这个主要识别部分，往往是"地名"。

在舟山市水产流通与加工行业协会与北京某食品销售有限公司侵害商标权纠纷案中，原告的商标是"舟山带鱼ZHOUSHANDAIYU及图"，涉案商品的外包装上写的不是"舟山带鱼"，而是"舟山精选带鱼段"。法院认为：因被告无法证明带鱼段来自舟山，在外包装上使用"舟山精选带鱼段"侵犯了"舟山带鱼ZHOUSHANDAIYU及图"的商标权。

四、是否合理使用是需要用证据证明的——从舟山带鱼案谈起

舟山市水产流通与加工行业协会（以下简称"舟山水产协会"）与北京某食品销售有限公司、北京某超市侵害商标权纠纷案被列为最高人民法院公布的2012年中国法院知识产权司法保护50件典型案例之一。

案件的基本情况：舟山市水产流通与加工行业协会系"舟山带鱼ZHOUSHANDAIYU及图"的专用权人。2011年1月28日，舟山市水产流通与加工行业协会在某超市公证购买了某食品销售公司生产的"舟山精选带鱼段"，认为其外包装上突出使用了"舟山带鱼"字样，容易造成公众混淆，侵犯了自己的商标权，随后起诉到法院。

一审法院认为：在原产于舟山海域的带鱼上标注"舟山精选带鱼段"属于对地理标志的正当使用，并不侵犯舟山水产协会的商标权利，被告提供的证据可以初步证明公司生产销售带鱼的原产地为舟山，原告舟山水产协会作为证明商标的注册人，属于对商品有监督能力的组织，应当提供证据证明某带鱼产品是否属于舟山海域的带鱼，否则应该承

担举证不能的责任。一审法院判决原告败诉，原告不服上诉到了二审法院。

二审法院认为：某食品销售公司虽然没有向舟山水产协会提出使用涉案商标的要求，但如果其生产、销售的带鱼商品确实产自浙江舟山海域，则舟山水产协会不能剥夺其在该带鱼商品上用"舟山"来标识商品产地的权利，包括以本案中的方式——"舟山精选带鱼段"对其商品进行标示。本案中，某食品销售公司作为涉案商品的生产者，对于涉案商品是否产自浙江舟山海域负有举证责任。二审法院认为：某食品销售公司提供的证据不能证明涉案产品来自舟山，应该承担侵权责任。

虽然该案一审、二审的判决结果不同，但是有两点一审、二审法院的观点是相同的：（1）如果带鱼段真的来自舟山，则不构成侵权；（2）以上事实需要有证据来证明。

在证明责任的分担方面，一审法院和二审法院持不同意见：一审法院认为在被告可以提供初步证据的前提下，原告作为证明商标持有人，其应当提供证据证明某带鱼产品是否属于舟山海域的证据，二审法院则认为此项事实的证明责任全部是被告的，不用分给原告一部分。对证据规则的理解和认定，很难说哪个法院正确，都有其道理。不过，最高人民法院既然把二审判决作为典型案例公布，说明最高人民法院认可二审判决的举证责任分配方式，这对法律实践工作具有很强的参考价值。

当然，并非所有的合理使用都需要证据来证明。鄂尔多斯市秦直道遗址旅游开发有限责任公司与鄂尔多斯机场管理集团有限公司等侵害商标权纠纷案中，涉案商标为"秦直道"，虽然不是地理标志商标，但同样是涉及地名的商标，对地理标志商标合理使用有借鉴意义。秦直道是公元前212年修筑的一条南起秦都咸阳（今陕西省淳化县北梁武帝村）中经新秦中（今鄂尔多斯）、北至九原郡（今包头市西）的直通大道，宽约22米，全长约745千米。秦直道公司的法定代表人在第39类"观光旅游、安排旅游、旅游安排"等服务类项目上注册了"秦直道"商标，被告发布的视频材料中含有彩屏图片的景区名称"东联秦道城国家4A级景区"。法院认为这种使用是一种陈述性使用，而非商标性使用，不侵犯原告的商标权。

综上，本文对地理标志商标的合理使用制度进行了简单分析，侧重司法实践的分析、总结，在理论的周延性方面尚有很大不足，欢迎读者批评指正！

合同能证明商标使用吗

——"三叶草"商标案

如果仅仅签订了销售合同,出具了授权书,但是没有证据证明存在实际的销售行为,那么无法证明把商品提供到了市场上,在商标与商品之间无法建立联系。所以,无法证明商标的使用。如果有销售行为,至少应该提供能够对应的销售合同和销售发票。

法律规定

《商标法》第48条规定:

本法所称商标的使用,是指将商标用于商品、商品包装或者容器以及商品交易文书上,或者将商标用于广告宣传、展览以及其他商业活动中,用于识别商品来源的行为。

涉案商标

律师解读

阿迪达斯的"三叶草"标志很多人都知道，其实不只阿迪达斯有"三叶草"的商标，也有其他公司注册了与"三叶草"有关的商标。莆田市天涯贸易有限公司就在服装、体操服、童装、婴儿全套衣等商品上注册了"三叶草San ye cao及图"商标。2015年12月，阿迪达斯公司向商标局针对莆田市天涯贸易有限公司的"三叶草San ye cao及图"商标提出了撤销申请，理由是：莆田市天涯贸易有限公司已经超过3年没有使用该商标，应该撤销。在争议解决过程中，莆田市天涯贸易有限公司也提供了有关"三叶草San ye cao及图"商标使用的证据，包括对外签订的合同，但是法院最后依然支持了阿迪达斯公司的申请，撤销了"三叶草San ye cao及图"商标。原因本文简要分析如下。

我国《商标法》第49条中规定："注册商标成为其核定使用的商品的通用名称或者没有正当理由连续三年不使用的，任何单位或者个人可以向商标局申请撤销该注册商标。"根据该规定，对于没有正当理由连续3年不使用的注册商标，任何单位或者个人都可以向商标局申请撤销该注册商标，因为这种商标注册之后长期不使用的行为不能建立或者会切断商标与商品或者服务之间的联系，同时造成资源的浪费。商标的功能在于区分不同的商品或者服务，这种区分功能是通过使用来实现的，如果长期不使用，则不能起到区分商品或者服务的作用。另外，商标资源是非常有限的，从建立商标制度到现在已经30多年，商标每年的注册量都在递增，已经达到了每年500多万件的规模，现在再注册商标会发现很多商标已经被注册，越来越难找到合适的。如果已经注册的商标却不进行使用，无疑是对资源的浪费，而且对于后来准备正常使用该商标的经营者也不公平。

在判断是否构成"连续三年不使用"这一问题时，什么叫"商标使用"成为关键问题之一。我国《商标法》第48条规定:"本法所称商标的使用,是指将商标用于商品、商品包装或者容器以及商品交易文书上,或者将商标用于广告宣传、展览以及其他商业活动中,用于识别商品来源的行为。"该条规定成为判断是否构成商标使用的法律依据。

在理解该规定的时候,关键在于理解"用于识别商品来源的行为"这一定性部分。也就是说,如果仅仅把"商标用于商品、商品包装或者容器上",但是商品一直放在仓库里,没有投入到市场中去,则没有"用于识别商品来源",那么不是商标的使用;如果仅仅把商标用在"商品交易文书上",但是实际上没有商品交易,那么也没有"用于识别商品来源",不是商标的使用;将商标用于广告宣传、展览以及其他商业活动中,但是没有实际销售商品,是否算是商标的使用,也存在疑问,在欧盟国家有一些判例认为这种情况一般不构成使用。所以,商标的使用不仅仅是把商标贴在某个位置上,关键是是否把带有商标的商品或者服务投入到市场中,是否起到区分商品或者服务来源的作用,这是至关重要的。

在"三叶草San ye cao及图"商标撤销案中,商标注册人一方提供了《商标授权使用合同》以及《"三叶草"品牌服装订购合同》等主要证据。但是,该案也有一个特殊情况,即商标注册人莆田市天涯贸易有限公司有多件叫作"三叶草"的商标。

那么,该案主要涉及两个关键问题:(1)与他人签订了授权使用的协议或者授权委托书,是否属于商标法上的"使用";(2)与他人签订了销售合同,是否属于商标法上的"使用"。

第一,只是有商标授权的行为,不能构成商标法上的"使用"。无论签订授权使用协议或者授权委托书,只是发生在两个特定主体之间的契约行为或者授权行为,不会产生相关公众与涉案商标之间的联系,没有"用于识别商品来源",不是商标的使用。但是,如果被授权人把商品投入到市场中,则会构成商标法上的"使用"。

第二,签订"销售合同"本身也构不成商标法上的"使用",如果仅仅签订销售合同,但是没有实际上的销售行为,没有商品提供到市场上,也不能在商标与商品之间建立联系。所以,如果有销售行为,至少应该提供能够对应的销售合同和销售发票,如果能提供相关的其他辅助材料更好,比如在仓储、运输行为中形成的单据。

该案还有一个特殊之处,即涉案商标注册人注册了多件近似商标,商标名称上都有"三叶草",那么在证据(授权文件、销售合同等)上就需要区别究竟是哪一件商标的使用证据,如果没有写明商标注册号等信息可以区分开来的,也不能提供其他使用证明的,不能明确是哪一件商标的使用。如果可以证明使用了其中一件商标,那么不能把一件商标的使用看作多件商标的使用,而是需要区别对待的。

这一案件的判决结果可以给商标注册人一定的启示:商标注册人在使用商标的时候,一定要注意保存相关证据,规范使用商标,在合同和发票中准确标注商标的名称,合同中还应加上商标图样、商标注册号等信息,尤其在有多件近似商标的时候,在使用的时候应该有所区分。另外,这一案件对于有多件近似商标的企业在商标管理方面提出了更高的要求,要求商标的管理和使用以及材料保存更加细化和准确。

商标使用的证据需要有关联性
——"友信"商标案

商标在使用过程中,为了使用方便或者出于某种其他目的,有可能会对商标标志进行变动,根据法律规定,实际使用的商标标志与核准注册的商标标志有细微差别,但未改变其显著特征的,可以视为注册商标的使用。但是,增加或者减少商标标志的要素的,都不应算在细微差别之内。而主张使用商标的,需要提供有关联性的证据,没有关联性的证据没有任何用处。

法律规定

《商标法》第49条规定:

注册商标成为其核定使用的商品的通用名称或者没有正当理由连续三年不使用的,任何单位或者个人可以向商标局申请撤销该注册商标。商标局应当自收到申请之日起九个月内做出决定。有特殊情况需要延长的,经国务院工商行政管理部门批准,可以延长三个月。

《最高人民法院关于审理商标授权确权行政案件若干问题的规定》第26条规定:

实际使用的商标标志与核准注册的商标标志有细微差别,但未改变其显著特征的,可以视为注册商标的使用。

第四章　随风潜入夜，润物细无声：商标的使用 ·147·

涉案商标

友
信

律师解读

为了防止商标资源浪费，"注而不用"，我国商标法特别规定了撤销3年不使用商标的制度（简称"撤三"）。这项制度可以有效解决商标囤积和资源浪费，帮助有真实需要的商标注册人扫清拦路虎。此类案件中，如果一方当事人主张另外一方当事人（商标注册人）3年内没有使用注册商标，另外一方当事人一般会积极提供证据证明实际上在使用注册商标。这种情况下，另外一方当事人提供的证据能否证明其实际使用了注册商标，就成了决定案件结果的关键。那么，何为商标的使用呢？什么样的证据才能证明实际上使用了注册商标呢？

2013年我国《商标法》修改之前，商标法中并没有商标使用的法律规定。有关商标使用的法律规定见于我国《商标法实施条例》，《商标法实施条例》第3条规定："商标法和本条例所称商标的使用，包括将商标用于商品、商品包装或者容器以及商品交易文书上，或者将商标用于广告宣传、展览以及其他商业活动中。"严格来说，该规定并非"商标使用"的定义，只是列举了属于商标使用的几种情况，除列举的这几种情况之外使用商标的行为，也有可能构成商标的使用。商标的使用内涵和外延以及一些特殊情况下是否属于商标使用的问题，曾经引起过各种争论。

2013年在修改后的《商标法》中特意增加有关商标使用的规定，即《商标法》第48条规定："本法所称商标的使用，是指将商标用于商品、商品包装或者容器以及商品交易文书上，或者将商标用于广告宣传、展览以及其他商业活动中，用于识别商品来源的行为。"该规定与修改前的《商标法实施条例》第3条相比，基本上是一样的，只是增加了半句话"用于识别商品来源的行为"，但是这半句话意义重大，是对商标使用行为的定性，即商标使用，其实就是把商标用在一定的位置和场合，用于识别商品来源的行为。

虽然在时间上，修改后的《商标法》才增加了半句话，但是依然可以用于适用修改前的《商标法》来判断是否属于商标使用的行为。因为商标的作用就是用于区分商品或者服务来源，那么商标使用，本质上就是通过一定的方式识别商品来源的行为。无论在法律上是否写出来，有关商标使用的法律规定在修改前与修改后在定性上是一致的。

在"友信"商标案件中，济南友信担保有限公司在2008年申请注册了"友信"商标（涉案商标），王某某在2015年以涉案商标连续3年停止使用为由向国家工商行政管理总局商标局（以下简称商标局）提出撤销申请。济南友信担保有限公司提供了证据证明其实际使用了涉案商标，但是最终法院认为济南友信担保有限公司没有实际使用涉案商标，应该撤销该商标，原因如下。

济南友信担保有限公司提供的大部分证据不是证明商标与商品（包括服务）之间关系以及该公司存在通过使用商标来说明商品（包括服务）来源的行为证据，即不具有关联性。例如，行业协会的证明，只能证明该公司是某个协会的会员单位，但是不能体现该公司的商标与服务之间有什么关系；税务、住房公积金、社保、物业管理费等票据凭证，只能证明该公司在正常经营，但是也不能证明商标与公司提供的服务之间的关系，等等。提供这些证据，基本上是没有任何意义的。当然，在这个案件中，济南友信担保有限公司也提供了一些涉及商标使用的证据，不过证据显示它使用的是"友信担保YOUXIN GUARANTEE及图"，虽然商标标识中包括涉案商标，但与涉案商标有明显不同。这些证据提出了另外的一个问题：证据中涉及的商标是否是涉案注册商标，是否属于对涉案注册商标的使用。

商标在使用过程中，为了使用方便或者出于某种其他目的，有可能会对商标标志进行变动，这种情况下的使用属于对注册商标的使用吗？在《最高人民法院关于审理商标授权确权行政案件若干问题的规定》第26条规定："实际使用的商标标志与核准注册的商标标志有细微差别，但未改变其显著特征的，可以视为注册商标的使用。"可能什么是"细微差别"不好把握，需要根据个案进行分析，但无论如何增加或者减少商标标志的要素都不能算在细微差别之内。在"友信"商标案件中，济南友信担保有限公司举证了其在名片、合同中对商标的使用情况，名片、合同上的使用非常可能划归到"商标使用"的范围，可惜的是济南友信担保有限公司的使用不是对涉案注册商标的使用，而是在涉案注册商标的基础上增加了字母和图。这种情况下，不能把该商业标识的一部分单拎出来，就使用的商业标识的一部分与涉案注册商标的整体进行比对，而是应该对两者都进行整体的比对，即使用的商业标识的整体与涉案注册商标的整体进行比对。"友信"商标案件中，虽然使用的商标包括涉案注册商标，但是已经不属于"细微差别"，不能属于对涉案注册商标的使用。所以，最后也不能证明使用了涉案注册商标。

这个案件也提醒商标注册人，在使用商标的时候，如果对注册商标的改动已经超出"细微差别"的程度，不算是对注册商标的使用，应该及时申请注册新的商标，防止出现之前中止使用的注册商标被撤销，新的使用中的商标没有注册的情况。

第五章

夜阑卧听风吹雨,铁马冰河入梦来:

商标的维权

权利需要得到法律的保护，否则不能成为权利。商标权已经成为商业社会中的一项重要权利，权利人利用商标开疆辟土，通过合法经营打造品牌的知名度和美誉度。同时，也有人想利用他人商标或搭便车或赤裸裸仿造，获取不属于他的经济利益。

一段时间里，我国市场上各种"山寨"货横行，这些"山寨"货大多数会侵犯他人的知识产权，有的是侵犯他人的专利权，更多的是侵犯他人的商标权。可能是因为侵犯专利权难，还要研发技术；侵犯商标权容易，加个logo就可以了。"山寨"文化的横行，说明目前我国市场上对商标的保护还没有深入人心。

没有牙齿的法律是不能被遵守的，侵权的法律后果不能低于正当获得授权的成本。很长一段时间里，我国法院的判决相对保守。这一方面与原告不能提供证据证明原告的确切损失和被告的确切获利有关，另一方面与法院对经济生活的不了解有关。相对保守的判决会导致劣币驱逐良币，最终受到伤害的是合法经营者和消费者。

另外，如何判断近似商标、如何判断类似商品，依然是商标侵权纠纷中的主要问题。

法院如何确定赔偿额

——"紫玉山庄"商标案

侵犯知识产权的行为与传统侵权行为相比存在若干不同之处。(1) 侵犯知识产权的，被侵权人未必有权利客体价值的直接贬损；(2) 无论是直接贬损还是各种间接损失，都难以量化。

法律规定

《商标法》第63条规定：

侵犯商标专用权的赔偿数额，按照权利人因被侵权所受到的实际损失确定；实际损失难以确定的，可以按照侵权人因侵权所获得的利益确定；权利人的损失或者侵权人获得的利益难以确定的，参照该商标许可使用费的倍数合理确定。对恶意侵犯商标专用权，情节严重的，可以在按照上述方法确定数额的一倍以上三倍以下确定赔偿数额。赔偿数额应当包括权利人为制止侵权行为所支付的合理开支。

人民法院为确定赔偿数额，在权利人已经尽力举证，而与侵权行为相关的账簿、资料主要由侵权人掌握的情况下，可以责令侵权人提供与侵权行为相关的账簿、资料；侵权人不提供或者提供虚假的账簿、资料的，人民法院可以参考权利人的主张和提供的证据判定赔偿数额。

权利人因被侵权所受到的实际损失、侵权人因侵权所获得的利益、注册商标许可使用费难以确定的，由人民法院根据侵权行为的情节判决给予三百万元以下的赔偿。

涉案商标

紫玉山庄

"紫玉山庄"商标

赔偿数额低，一直是知识产权案件维权之痛。知识产权案件涉及很专业的法律知识和行业、技术知识，同时知识产权容易被复制、模仿，所以知识产权侵权容易，维权成本高，案件好不容易胜诉了，往往赢的只是脸面——最后判决赔偿数额往往很低——忙活一场，最后只不过是一个名义上的胜诉罢了。而因为侵权成本低，甚至远远低于正常取得授权的成本，就形成获得授权不如侵权更经济实惠的扭曲的市场选择。比如，取得一项专利的授权，可能专利权人要几十万元甚至上百万元的授权费用，但是如果直接侵权的话，未必会被发现，被发现了未必会被起诉，即使被起诉，最后也许只赔了几万元，如此这般，为什么要正常地取得授权呢？根据趋利的市场规则，势必造成侵权多于授权的畸形经济，而取得授权才是正常的商业模式。作为知识产权律师，笔者也曾经在很多场合多次呼吁，请求提高知识产权判赔的数额。不过，知识产权案件赔偿数额的确定，的确也有其特殊之处。

侵犯知识产权是侵权行为的一种，我国法律对于侵犯他人财产权的行为，在赔偿的时候一般适用填平原则，即由侵权人赔偿被侵权人的全部损失。我国《侵权责任法》第19条规定："侵害他人财产的，财产损失按照损失发生时的市场价格或者其他方式计算。"比如，侵权人把被侵权人的一部电脑损坏了，电脑市场价格为3000元，则需赔偿被侵权人3000元。被侵权人所有的损失都得到了赔偿，不过也没有因此多获得收益。虽然都是侵权行为，但是侵犯知识产权的行为与传统侵权行为相比存在若干不同之处：（1）侵犯知识产权的，被侵权人未必有权利客体价值的直接贬损；（2）无论是直接贬损还是各种间接损失，都难以量化。所以，在知识产权案件中很难断定侵权人给被侵权人造成多少损失，损失很难量化。为了便于裁判，知识产权法律规定了一些损失的计算方法。

我国《商标法》第63条规定："侵犯商标专用权的赔偿数额，按照权利人因被侵权所受到的实际损失确定；实际损失难以确定的，可以按照侵权人因侵权所获得的利益确定；权利人的损失或者侵权人获得的利益难以确定的，参照该商标许可使用费的倍数合理确定。对恶意侵犯商标专用权，情节严重的，可以在按照上述方法确定数额的一倍以上三倍以下确定赔偿数额。"根据该条规定，在计算赔偿数额时，先考虑权利人的实际损失；实际损失难以确定的，再考虑侵权人的获利；两者都难以确定的，根据商标使用许可费的倍数确定。不过，实际情况往往是：权利人的损失难以计算；侵权人的经营行为可能有获利，但是究竟多少利益是因为侵犯商标权而获得的，也难以计算和证明；商标也从来没有许可他人使用。这怎么办呢？

我国《商标法》同时规定了一项最后的兜底条款："权利人因被侵权所受到的实际损失、侵权人因侵权所获得的利益、注册商标许可使用费难以确定的，由人民法院根据侵权行为的情节判决给予三百万元以下的赔偿。"也就是说，在以上三者都难以确定的情况下，由法院根据侵权行为的情节（酌情）来裁定。实践中，大部分案件都无法确定实际损失、获利和商标许可使用费，都是由法院酌情裁定赔偿数额的。

法院在根据"侵权行为的情节"判决赔偿数额时，究竟应该考虑哪些情节呢？《最高人民法院关于审理商标民事纠纷案件适用法律若干问题的解释》第16条规定："人民法院在确定赔偿数额时，应当考虑侵权行为的性质、期间、后果，商标的声誉，商标使用许可费的数额，商标使用许可的种类、时间、范围及制止侵权行为的合理开支等因素综合确定。"从以上司法解释可以参考的因素来看，也缺乏计量标准。所以，虽然法律规定了许多法院在自由裁量的时候需要考虑的因素，但是因为缺乏可以计量的标准，加之法官往往对于社会经济生活不熟悉（社会各行各业差距太大，实际上也很难熟悉），很难找到一个确切和公允的判决数额，法院最后的判决往往比较保守。

由于上面提到的原因，二审法院往往专注于对是否构成侵权的审理和判决，如果仅仅是对一审判决的赔偿金额不服，很难在二审得到改判。

"紫玉山庄"商标案的判决令人耳目一新。"紫玉山庄"是注册在房地产类别上的商标，原告（商标权利人）所建的"紫玉山庄"房地产项目颇有名气，被告在自己所建的小区名字上使用了"紫玉"这两个核心文字。一审北京知识产权法院判决构成侵权，被告赔偿原告100万元。原告不服，认为判决赔偿金额少，因此上诉到北京市高级人民法院。北京市高级人民法院认为被告构成侵权，顶格判决被告赔偿原告人民币300万元。这是法院酌定范围内的最高额。

此次"紫玉山庄"商标案原告提起二审，主要是针对赔偿金额，而二审在细致审理、充分论证的基础上进行了改判，说明二审法院不但在意案件的定性，也在意实质正义的实现。

北京知识产权法院对"紫玉山庄"商标案赔偿数额的裁判也是在缺

第五章　夜阑卧听风吹雨，铁马冰河入梦来：商标的维权

少权利人实际损失、侵权人获利和商标授权费等基础上，考虑侵权行为做出的判决，除了考虑到本文以上提到的在法院行使自由裁量权时考虑的因素外，这一判决还多考虑了两点：（1）侵权人的过错承担；（2）涉案商品的市场价值。

其中，侵权人的过错程度，即侵权人是否存在"恶意"，以及恶意有多大，在一般的侵权赔偿中很少考虑。本文前面已经叙述，侵犯财产权赔偿一般适用填平原则，无论是否有过错、过错多少，都要赔偿全部损失，所以没有必要考虑恶意。考虑主观过错往往存在于精神损害赔偿和适用惩罚性赔偿原则的情况下。此次北京知识产权法院在判断赔偿数额时考虑了侵权人的恶意，是否在适用惩罚性赔偿原则，还是仍然在填平原则的范围内，抑或考虑到知识产权案件的特殊情况？这是一个值得思考的问题。笔者倒是很赞同法院在确定赔偿数额时适用惩罚性原则。

涉案商品的市场价值，这是在司法裁判中经常被忽略的因素，如果涉案商品价值高，那么涉及的市场利益就很大，自然不能等同于涉案商品价值低的情况。笔者认为，这里所指的涉案商品价值高低，并非仅指注册商标商品本身的价值高低，比如注册在房地产上商品价值就高，注册在口香糖上商品价值就低，而是指实际案件中权利人商标涉案商品的总体市场价值。权利人注册了房地产类的商标，但是没有太多使用，则不应该判决太高的赔偿；权利人注册了口香糖商标，虽然单个口香糖价值不高，但是总体市场价值很高，侵权人因为侵权获利也很大，最后判决数额也应该高。

"紫玉山庄"案二审法院最大的贡献在于：突破了一贯保守的判决数额，大大提高了赔偿损失的数额，使判决对未来的侵权行为更有威慑力。虽然二审法院考虑了恶意和涉案商品的价值，但是如果依然没有在判决数额上作出突破，依旧是"纸上谈兵"，可能判决数额仍旧不能

反映双方的真实损失和获益程度，对指导实际经济生活起不到太大的作用。所以，北京知识产权法院在这个案件上最大的贡献在于克服了保守的思维，敢于判决高额的赔偿。这样的判决，警示了侵犯知识产权的严重后果，为人们的经济生活做出了指导，我们应该多欢迎这样的判决。

希望以后法院在知识产权侵权案件审判过程中，敢于突破，除了考虑性质，更考虑数量，判决时考虑切合实际经济情况的赔偿金额，更有效地保护我国的知识产权。

商标不规范性使用也会构成侵权
——"青汾"商标案

当商标注册人自行改变注册商标后,其实改变后的商标往往已经不是经核准注册的商标,而是新的商标,新的商标是否与在先注册或者在后注册的相同或者类似商品上的商标相同或者近似是无法保证的,非常可能出现与已经注册的相同或者类似商品上的商标相同或者近似的情况,这种情况下则可能侵犯他人的商标权,引起侵犯商标权诉讼。

法律规定

《商标法》第49条规定:

商标注册人在使用注册商标的过程中,自行改变注册商标、注册人名义、地址或者其他注册事项的,由地方工商行政管理部门责令限期改正;期满不改正的,由商标局撤销其注册商标。

《最高人民法院关于审理商标民事纠纷案件适用法律若干问题的解释》第9条规定:

……商标法第五十二条第(一)项规定的商标近似,是指被控侵权的商标与原告的注册商标相比较,其文字的字形、读音、含义或者图形的构图及颜色,或者其各要素组合后的整体结构相似,或者其立体形状、颜色组合近似,易使相关公众对商品的来源产生误认或者认为其来源与原告注册商标的商品有特定的联系。

第10条 人民法院依据商标法第五十二条第(一)项的规定,认定商标相同或者近似按照以下原则进行:

……

(三)判断商标是否近似,应当考虑请求保护注册商标的显著性和知名度。

涉案商标

原告商标一

原告商标二

原告商标三

被告得到授权的商标

第五章　夜阑卧听风吹雨，铁马冰河入梦来：商标的维权　·161·

网上搜集到的被告产品图片

律师解读

山西汾阳市杏花村宴会汾酒业有限公司（以下简称"宴会汾酒公司"）被山西杏花村汾酒厂股份有限公司（以下简称"杏花村汾酒公司"）认为侵犯了"汾酒"商标而告上法庭。

宴会汾酒公司取得了"青汾"商标的授权，生产"青汾"酒。不过，宴会汾酒公司生产的青汾酒包装上并没有原样使用注册的"青汾"商标。"青汾"商标是一个图形商标，把"青汾"两个字设计成一个三角形。宴会汾酒公司在使用时着重用了"青汾"两个文字，即在酒瓶等包装上显眼位置写明"青汾酒"，而不只用了图形商标。而杏花村汾酒公司是商标"汾"和"汾酒"的商标注册人，其认为宴会汾酒公司使用文字"青汾"与"汾""汾酒"商标构成近似，侵犯了"汾酒"的商标权。

该案经过法院一审、二审，已经判决。法院认为：宴会汾酒公司对商标的这种使用方式侵犯了"汾酒"商标的商标权，应该承担相应的侵权责任。

企业在经营过程中，有时会有想法对其已经注册的商标或者被授权使用的商标进行一些改变，原因有种种，有的是因为企业经营者认识上的变化，还有的是为了竞争上的效果。改变后的商标如果还加上"注册商标"或者"®"的标识，则属于对注册商标的不规范使用。对注册商标的不规范使用可能会引起一系列的行政责任或者民事责任。

先说行政责任，我国商标法对于商标的规范使用进行了明确规定，《商标法》第49条规定："商标注册人在使用注册商标的过程中，自行改变注册商标、注册人名义、地址或者其他注册事项的，由地方工商行政管理部门责令限期改正；期满不改正的，由商标局撤销其注册商标。"如果商标注册人对注册商标不规范使用，则面临责令限期改正、撤销注册商标等法律后果。

除了行政上的责任，还可能引起民事上的纠纷，即侵犯商标权诉讼。

已经注册的商标，经过商标局的审查，符合商标法的规定，理论上不会发生与在先注册的相同或者类似的商品上的商标相同或者近似的情况，也不会发生与在后注册的相同或者类似的商品上的商标相同或者近似的情况。但是，这种审查只限于申请注册的商标标识本身。当商标注册人自行改变注册商标之后，其实改变后的商标往往已经不是经核准注册的商标，而是新的商标，新的商标是否与在先注册或者在后注册的相同或者类似商品上的商标相同或者近似是无法保证的，非常可能出现与已经注册的相同或者类似商品上的商标相同或者近似的情况，这种情况下则可能侵犯他人的商标权，引起侵犯商标权诉讼。

当然，由于种种原因，即使在已经注册的商标之间，也可能出现在相同或者类似商品上的商标近似问题。只不过，这种情况下只要是对商标的规范使用，不是侵犯商标权的问题，而是在后注册的商标是否有效还是无效的问题，即在后注册的商标是否应该注册的问题。解决这个问题使用的不是由法院审理的民事侵权的方式，而是向商标评审委员会提出商标无效要求撤销在后商标注册的商标评审程序。不过，这种情况下提出商标无效有时间的限制，商标注册5年后内在先商标注册人可以提出申请，5年后则丧失了这个权利，两个商标会处于共存的状态。在共存状态下，只要规范使用注册商标，法院不会判决构成侵犯他人的商标权。但是，如果不规范使用商标，而是模仿他人的商标，则非常可能被法院判决侵犯他人的商标权。

就该案而言，杏花村汾酒公司1981年注册第150927号圆圈图形中间加"汾"字组合商标，赣榆县九里人民公社酒厂1984年注册第217689号（青汾牌）商标，这两个商标都是合法有效的（即使在先注册的商标注册人认为在后注册的商标与在先注册的商标构成近似，也早已经过了5年的期限，不能再提起商标无效申请）。如果两个商标的商标权人和被许可使用人规范地使用两个商标，则不会产生侵犯商标权的问题。但是，不规范地使用则可能会被认为使用新的商标而非注册商标，需要用新的商标与涉案注册商标之间进行比对，来判断是否构成相同或者近似。

第217689号（青汾牌）商标整体为由美术体"青汾"二字组成的三角形图形，相关公众施以一般注意力的情况下，该商标的三角形图形较"青汾"文字更具显著性，系该商标的主要识别部分，而其中的字"青汾"如果不仔细辨认是很难识别的。被告宴会汾酒公司在使用该商标时，并没有规范使用，而是突出使用了"青汾"这两个汉字，使得商标的主要识别部分从三角形图形变成了文字"青汾"，这样就与原告的商标构成近似，属于侵犯他人商标权的行为。

那么，如果商标注册人在使用商标过程中想对商标进行"微调"怎么办？笔者建议可以注册联合商标，即在相同或者近似的商品上注册近似的商标。例如，原来注册的是"图形+文字"的组合商标，但是过一段之后不想再用图形部分了，只想使用文字部分，建议这时可以就其中的文字部分再注册一个文字商标。在申请注册过程中，商标局将进行审查，通过商标局的审查之后，就可以使用该文字商标了，切忌直接改变商标后使用，否则会有法律风险。

如何正确理解商标法上的"服务"

——"卡乐仕"商标案

在侵犯商标权案件中有两个基本问题:(1)商标是否相同或者近似;(2)商品或者服务是否相同或者类似。这两个基本问题搞清楚了,侵犯商标权案件基本上就可以判决了:商标相同或者近似,并且商品或者服务相同或者类似的,构成侵犯商标权;如果商标不相同不近似,或者商品、服务不相同不类似,则不构成侵权。第一个问题进行比对相对容易,第二个问题进行比对时又有两个前提需要搞清楚:(1)原告注册商标核准的商品或者服务是什么;(2)被告经营的商品或者服务是什么。只有在搞清楚这两个事实前提的情况下才能进行比对。

法律规定

《商标法》第57条规定:

有下列行为之一的,均属侵犯注册商标专用权:

(一)未经商标注册人的许可,在同一种商品上使用与其注册商标相同的商标的;

(二)未经商标注册人的许可,在同一种商品上使用与其注册商标近似的商标,或者在类似商品上使用与其注册商标相同或者近似的商标,容易导致混淆的;

（三）销售侵犯注册商标专用权的商品的；

……

《商业特许经营管理条例》第3条规定：

本条例所称商业特许经营（以下简称特许经营），是指拥有注册商标、企业标志、专利、专有技术等经营资源的企业（以下称特许人），以合同形式将其拥有的经营资源许可其他经营者（以下称被特许人）使用，被特许人按照合同约定在统一的经营模式下开展经营，并向特许人支付特许经营费用的经营活动。

涉案商标

卡乐仕企业管理有限公司的"卡乐仕"商标　　卡乐仕汽车服务有限公司的"卡乐仕"商标

北京市卡乐仕企业管理有限公司（以下简称"卡乐仕管理公司"）是第35类商标"卡乐仕"的商标注册人，该商标核准的服务有"特许经营的商业管理"。北京卡乐仕汽车服务有限公司（以下简称"卡乐仕服务公司"）是第37类商标"卡乐仕"的商标被许可人，该商标核准的服务有车辆保养和修理、汽车清洗、车辆清洗、车辆上光、车辆抛光、车辆保养、车辆清洁等。卡乐仕服务公司通过特许经营的方式发展业务。卡乐仕管理公司认为卡乐仕服务公司用特许经营的模式吸引商家加盟侵犯了其第35类商标"卡乐仕"的商标权，将卡乐仕服务公司告上法庭。该案一审法院认为卡乐仕服务公司的行为侵犯了卡乐士管理公司的商标权，判决原告卡乐仕管理公司胜诉，卡乐士服务公司提起上诉，二审法院做出了截然相反的判决，即卡乐士管理公司败诉。这是为什么呢？

卡乐仕商标侵权纠纷案中有两个焦点问题：（1）对涉案商标注册的商品和服务如何理解；（2）对商业特许经营中特许人拥有的商标如何理解。两审法院判决结果不一样，关键就在于对以上两个问题的认识不一样。一审法院认为：原告注册的"卡乐仕"核定的商品中有"特许经营的商业管理"，他人就不得在开展特许经营的过程中使用"卡乐仕"商标；二审法院认为：一审所谓"特许经营的商业管理"服务，是指针对他人的特许经营活动提供的商业管理服务，而并非指直接从事特许经营活动。究竟谁对谁错，还要从头说起。

商标是一个企业将其提供的商品或服务与其他企业提供的商品或服务相区别的显著性标志。商标的使用，是指将商标用于商品、商品包装或者容器以及商品交易文书上，或者将商标用于广告宣传、展览以及其他商业活动中，用于识别商品来源的行为（《商标法》第48条）。在侵犯商标权案件中有两个基本的问题：（1）商标是否相同或者近似；（2）商品或者服务是否相同或者类似。这两个基本问题搞清楚了，侵犯商标权案件基本上就可以判决了：商标相同或者近似，并且商品或者服务相同或者类似的，构成侵犯商标权；如果商标不相同不近似，或者商品、服务不相同不类似，则不构成侵权。第一个问题进行比对相对容易，第二个问题进行比对时又有两个前提需要搞清楚：（1）原告注册商标核准的商品或者服务是什么；（2）被告经营的商品或者服务是什么。只有在搞清楚这两个事实前提的情况下才能进行比对。

"原告注册商标核准商品或者服务是什么"这个问题大部分情况下是很清楚的，尤其是具体的商品。即使这样，在商品分类部分也存在过争议。比如，方便粉丝究竟属于方便面还是属于粉丝？服务部分可能不如商品部分清晰，毕竟商品是看得到、摸得着的，服务则体现在商业行为上，看起来不是很直观。什么是服务呢？服务就是："履行职务，为大家做事"（《新华字典》），即为第三人做事情。这是服务的精髓，需要牢记。

在《类似商品和服务区分表》第35类，主要是包括由个人或者组织提供的服务，其主要目的在于：（1）对商业企业的经营或管理进行帮助；（2）对工商企业的业务活动或者商业智能的管理进行帮助。即第35类是对企业的经营管理活动提供帮助的服务。第35类的3502工商管理辅助业中的"特许经营的商业管理"，究竟指的是什么？是商标注册人自己从事特许经营，还是为他人的特许经营提供商业管理上的服务呢？这是一审和二审法院判决的分歧点。

通过上面的分析可知，第35类的"特许经营的商业管理"是一种服务，即为他人做事，是为他人提供的服务（如他人不懂特许经营如何进行商业管理，为他人提供这方面的培训、代管等服务并收取费用），而非指的是自己从事特许经营的活动。为他人的特许经营提供商业管理方面的服务才是服务，自己从事的特许经营不是一种服务，而是一种商业模式。一审法院错误地理解了"特许经营的商业管理"的内涵，如果按照一审法院的理解，所有从事特许经营的企业都需要注册第35类的"特许经营的商业管理"商标，我国目前大多数特许经营企业均存在侵犯商标权的问题了？这无疑是荒谬的。

同时，还涉及对商业特许经营中特许人拥有的商标如何理解的问题。《商业特许经营管理条例》第3条规定："本条例所称商业特许经营（以下简称特许经营），是指拥有注册商标、企业标志、专利、专有技术等经营资源的企业（以下称特许人），以合同形式将其拥有的经营资源许可其他经营者（以下称被特许人）使用，被特许人按照合同约定在统一的经营模式下开展经营，并向特许人支付特许经营费用的经营活动。"特许人把拥有的商标授权给被特许人，这个商标是第35类"特许经营的商业管理"商标吗？显然绝大多数情况不是这样的，只能是被特许人开展生产经营活动对应的商标，除非特许经营企业经营的服务就是特许经营的商业管理。

特许经营中特许人拥有的商标是和特许经营内容有关的商标。比如，餐饮行业的特许经营，特许人一般会拥有第29类、第30类和第43类商标；教育行业的特许经营，特许人一般会拥有第41类商标。除非与特许经营内容有关系，特许人都不需要拥有第35类"特许经营的商业管理"商标。如果要求特许经营企业都要拥有第35类"特许经营的商业管理"商标，那么无疑是对《商业特许经营管理条例》的误读，是对什么是经营模式和什么是服务的混淆。

综上，在卡乐仕案件中，需要先对两个前提进行判断：（1）原告注册商标核定服务是"特许经营的商业管理"，即为他人的特许经营提供商业管理方面的服务；（2）被告经营的服务是洗车、修车服务。两者之间进行对比，不属于相同或者类似的服务。不管商标本身是否相同或者近似，均不构成侵犯商标权。所以，二审判决是正确的。另外，本案对于进一步了解服务商标有一定的价值。

区分商标标识中文字的第一性和第二性含义
——"舟山带鱼"商标案

如果没有把"舟山带鱼"字样进行突出性使用，包括单独使用、大字号使用等，而是仅仅在产品介绍中进行描述性使用，如注明产自舟山，而的确可以证明来源于舟山的，应该不构成侵权。但是，如果进行了突出性使用，构成侵权的可能性比较大。

法律规定

《商标法》第3条规定：

经商标局核准注册的商标为注册商标，包括商品商标、服务商标和集体商标、证明商标；商标注册人享有商标专用权，受法律保护。

……

本法所称证明商标，是指由对某种商品或者服务具有监督能力的组织所控制，而由该组织以外的单位或者个人使用于其商品或者服务，用以证明该商品或者服务的原产地、原料、制造方法、质量或者其他特定品质的标志。

集体商标、证明商标注册和管理的特殊事项，由国务院工商行政管理部门规定。

第五章　夜阑卧听风吹雨，铁马冰河入梦来：商标的维权

涉案商标

舟山市水产流通与加工行业协会"舟山带鱼"商标

舟山市水产流通与加工行业协会是注册商标"舟山带鱼"的专用权人，该协会发现：在北京某超市销售的带鱼包装上，标注了原告注册商标的核心部分"舟山带鱼"的文字。舟山市水产流通与加工行业协会起诉到法院，请求法院判令该超市立即停止销售涉案侵权商品，且要求赔偿人民币10万元。从涉案金额来看，这个案件不大，看似不值得注意。但是就如何判断证明商标被侵权，以及与其他侵犯商标权类案件有何共同之处和差异之处来说，是一个难得的案子。

第一个问题：商标标识中的文字的第一性与第二性的问题。

商标一般由文字、图形或者两者的结合组成，这里先讨论文字商标和组合商标中的文字部分。文字商标和组合商标中都有文字，这些文字经常起到主要的识别作用，但这些文字并非生来就是商标。比如，"长城"商标，"长城"第一性含义是我国的万里长城，第二性指的才是"长城牌"汽车、"长城牌"葡萄酒等商品；再如"中南海"商标，"中南海"第一性含义指的是一个地方，现在为我国党中央和国务院的办公地，第二性含义才是"中南海"香烟等商品。这就带来了一个问题，如果文字被注册为商标之后，其他人还能不能在第一性含义上使用

这个文字（组合）。答案是肯定的。注册为商标，只能在一定范围、一定时间内垄断对该文字第二性含义的使用，却无法阻止他人依旧在第一性含义的使用。比如，你可以把"田七"注册为牙膏商标，但是我可以在自己生产的牙膏包装上注明我的牙膏里有田七成分；你可以把"茅台"注册为酒类商标，但是我可以在我生产的酒的外包装上注明我的酒产自茅台镇。正因为文字存在第一性的含义，所以把一些已经存在的词句注册为商标显著性会差，比不上臆造词的商标显著性强。

舟山是一个地级市的名称，舟山带鱼非常有名。但是，注册了"舟山带鱼"商标，是不是别人就不能把"舟山带鱼"写在带鱼的外包装上呢？这个未必。关键是"舟山带鱼"这几个字是怎么样用的，有没有正当的理由用。如果是描述性使用，即在文字的第一性上使用的，则不构成侵权；反之，如果在商标意义上使用，即在文字第二性上使用的，则可能构成侵权。

区分是否属于描述性使用文字，即在文字的第一性含义上使用，要考虑文字的使用习惯。如果"舟山带鱼"已经形成一种商品名称，大家已经习惯把产自舟山的带鱼称为"舟山带鱼"，那么某超市把产自舟山的带鱼标注为"舟山带鱼"并无不妥。但是，如果"舟山带鱼"还没有形成消费者对产自舟山的带鱼的习惯称谓，或者说某超市卖的不是产自舟山的带鱼而标注为"舟山带鱼"，那么就属于商标侵权了。

笔者认为，如果没有把"舟山带鱼"字样进行突出性使用，包括单独使用、大字号使用等，而是仅仅在产品介绍中进行描述性使用，如注明产自舟山，而的确可以证明来源于舟山的，应该不构成侵权。但是，如果进行了突出性使用，则构成侵权的可能性比较大。

第二个问题：证明商标的授权条件与授权保障。

"舟山带鱼"属于证明商标。证明商标是一种比较特殊的商标，即由对某种商品或服务具有检测和监督能力的组织所控制,但是这个组织不能直接使用,而由其以外的人使用在商品或服务上,以证明商品或服务的产地、原料、制造方法、质量、精确度或其他特定品质的商标。证明商标又可以分为品质证明商标和地理标志商标。地理标志指标示某商品来源于某地区,该商品的特定质量、信誉或者其他特征,主要由该地区的自然因素或者人文因素所决定的标志。

证明商标不同于普通商标,普通商标可以由商标注册人自行或者授权给他人使用,证明商标一般由有监督能力的组织申请,授权他人使用。证明商标的商标权人应该列明使用证明商标的标准,并且不能拒绝符合标准的经营者申请授权使用证明商标。据有关消息,"舟山带鱼"商标仅被授权舟山市20多家企业使用,"舟山带鱼"仅仅是一个地理标志,这个商标授权他人使用的标准是什么呢?为什么仅仅20多家企业可以得到授权,舟山市其他众多的经营者为什么得不到授权呢?是否存在故意增加条件,调高门槛的行为?对于地理标志的授权哪些条件是必需的,哪些条件是不应该存在的?这些都是需要思考的。进而需要思考地理标志被授权的条件和程序如何控制,如何才能使符合条件的企业都可以得到授权。如果符合条件的企业得不到授权怎么办?目前还没有有效的救济途径。

长期以来,我们的研究和实践主要集中在普通商标上,对于证明商标这种特殊的商标关注不够,实践中如何被使用,普通经营者得不到授权应如何解决等问题研究不足,应该借这个案件好好想一想了。

区分服务商标和商品商标
——"紫燕"商标案

嘉州紫燕公司宣传、吸引的加盟商主要是面向消费者提供特定品牌食品的店铺,这些店铺的经营行为是向消费者提供食品。那么,这些店铺需要使用的是商品商标,而非服务商标,即第29类商标。如果向消费者提供的不是食品,而是餐饮服务,如饭店、咖啡屋等,则属于第43类服务商标。

法律规定

《商标法》第57条规定:

有下列行为之一的,均属侵犯注册商标专用权:

(一)未经商标注册人的许可,在同一种商品上使用与其注册商标相同的商标的;

(二)未经商标注册人的许可,在同一种商品上使用与其注册商标近似的商标,或者在类似商品上使用与其注册商标相同或者近似的商标,容易导致混淆的;

(三)销售侵犯注册商标专用权的商品的;

……

第五章　夜阑卧听风吹雨，铁马冰河入梦来：商标的维权

涉案商标

上海紫燕食品有限公司的"紫燕"商标　　上海紫燕食品有限公司的"嘉州紫燕"商标

上海紫燕食品有限公司的"紫燕"食品商标　　嘉州紫燕食品有限公司的"嘉州紫燕"商标

最近，两个"紫燕"公司对簿公堂。原告上海紫燕食品有限公司（以下简称"紫燕公司"）诉称：2000年6月9日，紫燕公司成立。经多年经营，紫燕公司已拥有多家控股公司，并与国内多家知名商业企业联手创建"紫燕"品牌的店中店。自成立伊始，紫燕公司就一直将"紫燕""嘉州紫燕""紫燕食品"等注册并作为紫燕公司生产和销售商品的商标进行使用，在国内享有较高的知名度，其中紫燕百味鸡为紫燕公司长期以来致力重点推广和打造的主打招牌产品。2010年6月30日，被

告嘉州紫燕（北京）餐饮管理有限公司（以下简称"嘉州紫燕公司"）成立。其成立后即制作"百味鸡"加盟网站，专门用作熟食品加盟的宣传和推广，在该网站上所有页面的抬头位置均将"嘉州紫燕"和"百味鸡"以显著放大的字体并列两排，在其形象店图片中也将"嘉州紫燕"和"百味鸡"以显著放大的字体置于店头作为店招，以误导他人认为是"嘉州紫燕"品牌的食品在做连锁加盟。所以，紫燕公司以侵犯商标权和不正当竞争为由，把嘉州紫燕公司告上法庭。该案一审法院判决原告胜诉。被告不服，提起上诉。二审法院经过审理，驳回了被告的上诉请求，维持了一审判决。

该案有些问题值得研究。嘉州紫燕公司也有"紫燕"注册商标，只不过是紫燕公司的商标注册在了第29类（食品）上，嘉州紫燕公司注册在了第35类（商业管理，其中包括特许经营的商业管理）和第42类（计算机）上。那么，为什么法院会判决嘉州紫燕公司侵权了呢？

笔者认为：是否侵犯紫燕公司的商标权，关键在于嘉州紫燕公司是否在相同或者类似的商品或者服务上使用了与紫燕公司商标相同或者近似的商标。从案件披露的信息来看，嘉州紫燕公司使用的商标与紫燕公司的注册商标构成相同或者近似应该是确定的，那么，最关键的部分就是商标是否使用在相同或者类似商品或者服务上。

嘉州紫燕公司认为不构成侵权，上诉的主要理由是：嘉州紫燕公司有第35类和第42类"紫燕"商标，嘉州紫燕公司经营的是"餐饮管理"，紫燕公司经营的是"食品"，嘉州紫燕公司的加盟店面都是店面自行提供熟食，嘉州紫燕公司只是提供管理、制作技术和配方，与紫燕公司直接提供食品完全不同，两者不构成类似商品。那么，法院需要查明和判断的一个焦点就在于嘉州紫燕公司的经营行为提供的究竟是商品还是服务，究竟是哪种商品或者哪种服务。

第五章 夜阑卧听风吹雨，铁马冰河入梦来：商标的维权

从法院查明的情况来看，嘉州紫燕公司是通过商业特许经营来发展业务的。虽然嘉州紫燕公司辩称它是"技术合作联盟"，但是就像法院查明的那样：嘉州紫燕公司声称的所谓"技术合作联营店"，改变不了其从事商业特许经营活动的性质。因为如果是技术合作联盟，那么加盟的应该不是提供熟食的商铺，而是餐饮技术咨询公司。而从嘉州紫燕公司网站的宣传等经营行为来看，嘉州紫燕公司主要是邀请提供熟食的店铺来加盟自己的，这其实就是一种熟食店铺特许经营的商业模式。

根据我国《商业特许经营管理条例》的规定："商业特许经营（以下简称特许经营），是指拥有注册商标、企业标志、专利、专有技术等经营资源的企业（以下称特许人），以合同形式将其拥有的经营资源许可其他经营者（以下称被特许人）使用，被特许人按照合同约定在统一的经营模式下开展经营，并向特许人支付特许经营费用的经营活动。"特许人把拥有的商标授权他人使用，首先要有相关商标。而这个商标不是随便哪个类别的商标都可以，必须是被特许人在特定行业可以使用的商标。该案中，嘉州紫燕公司宣传、吸引的加盟商主要是面向消费者提供特定品牌食品的店铺，这些店铺的经营行为是向消费者提供食品。那么，这些店铺需要使用的是商品商标，而非服务商标，即第29类商标。如果向消费者提供的不是食品，而是餐饮服务，如饭店、咖啡屋等，则属于第43类服务商标。另外，《商业特许经营管理条例》还有特许人至少要有两家直营店的规定，如果嘉州紫燕公司的直营店与加盟店一样，那么这种使用就是它直接对第29类食品商标的使用了。由此可以看出：（1）嘉州紫燕公司对商标的使用其实是对食品商标的使用，而非对服务商标的使用，侵犯了紫燕公司的第29类"紫燕"商标的商标权；（2）嘉州紫燕公司在没有第29类商标的情况下，宣传、发展自己这种类型的特许经营违反了《商业特许经营管理条例》的规定。

最后再说一下有关第35类和第42类商标的问题。第35类和第42类商标属于服务商标，即为他人提供服务。其中第35类是为其他经营者（而非最终的消费者）提供广告或者商业管理方面的服务，第42类是为他人提供科学技术或者计算机方面的服务。有些人有误解，认为如果公司需要通过商业特许经营的方式发展业务，就要注册第35类商标，如果公司需要在网络上进行宣传，就要注册第42类商标。这种理解是错误的。服务是为他人提供服务，并非为自己提供服务。第35类商标，其实是为其他经营者提供广告、商业管理（包括特许经营的商业管理）方面的服务，自己管理自己的公司或者自己公司为自己公司设计发布广告当然不需要注册第35类商标。而第42类商标是为他人提供科学技术或者计算机服务，如果公司的主营业务是设计建筑物或者为他人设计软件，可以注册第42类相关商标，但是如果是自己公司为了宣传自己公司的产品而使用计算机、软件、网络等方式，则无须注册第42类商标。本案中，嘉州紫燕公司即存在这样的误区。

综上，正确理解商品商标和服务商标的区别，才能避免发生纠纷和矛盾，规避可能发生的法律风险。

侵权案中"通用名称"的市场范围
——"伤心凉粉"商标案

《商标法》第11条规定的"通用名称"和第59条规定的"通用名称"应该采取不同的判断标准。判断《商标法》第59条规定是否属于合理使用与判断《商标法》第57条规定是否"容易造成混淆"考虑的市场范围应该是一致的,即被告的市场有多大就考虑多大,而不应该考虑全国市场。

法律规定

《商标法》第11条规定:

下列标志不得作为商标注册:

(一)仅有本商品的通用名称、图形、型号的;

(二)仅直接表示商品的质量、主要原料、功能、用途、重量、数量及其他特点的;

(三)其他缺乏显著特征的。

前款所列标志经过使用取得显著特征,并便于识别的,可以作为商标注册。

《商标法》第59条规定:

注册商标中含有的本商品的通用名称、图形、型号，或者直接表示商品的质量、主要原料、功能、用途、重量、数量及其他特点，或者含有的地名，注册商标专用权人无权禁止他人正当使用。

……

涉案商标

伤心凉粉

shangxinliangfen

"伤心凉粉"商标

　　林女士注册了"伤心凉粉"商标，李先生的小吃店使用了店招"李氏伤心凉粉担担面"。林女士认为李先生的行为侵犯了自己的商标权，把李先生起诉到法院。一审判决李先生败诉，李先生不服。李先生认为"伤心凉粉"是菜名，大家都在用，并且提供了许多证据来证明自己的观点。二审法院认为，"上诉人的证据，只能证明重庆磁器口和洋人街的部分凉粉经营者、部分厨师和消费者有将'伤心凉粉'指代一类凉粉的情形，尚无法证明全国市场甚至是凉粉销售较集中的川、渝地区的经营者和消费者普遍认为'伤心凉粉'能指代一类凉粉。于此，本院认为，上诉人的证据尚不足以证明'伤心凉粉'是通用菜品名"，因而驳回李先生的上诉，维持原判。

　　这起案件的焦点在于：李先生使用店招"李氏伤心凉粉担担面"是属于我国商标法规定的合理使用范围，抑或是属于商标性使用的范围。

　　我国《商标法》第59条规定："注册商标中含有的本商品的通用名称、图形、型号，或者直接表示商品的质量、主要原料、功能、用途、重量及其他特点，或者含有的地名，注册商标专有权人无权禁止他人正常使用。"通常认为，这个条文规定的是对注册商标的合理使用或者描述性使用。其实，从商标使用的角度来看，该条文规定的是对商标标志的非商标性使用。

很多商标标志来源于固有的词汇或图形，有其固有的含义。例如"长城"商标，长城本来的含义为我国的万里长城，被注册为商标，成为注册商标。商标标志本身的含义为第一性含义，作为商标标志的含义为第二性含义。"长城"虽然被注册为商标，但是不影响人们在非商标性使用的时候用"长城"这两个字，只有在商标性使用时使用"长城"才涉及是否构成侵犯商标权的问题。

有关什么是商标性的使用，现行《商标法》也进行了规定。《商标法》第48条规定："本法规定的商标的使用，是指将商标用于商品、商品包装或者容器以及商品交易文书上，或者将商标用于广告宣传、展览以及其他商业活动中，用于识别商品来源的行为。"其中最关键的要素为"用于识别商品来源"。

在"伤心凉粉"商标侵权案中，被告（二审上诉人）李先生把主要精力放在了证明"伤心凉粉"是否属于"通用菜名"上，同时这也是双方争议的焦点。如果"伤心凉粉"是通用菜名，那么"伤心凉粉"就属于《商标法》第59条规定的"商品的通用名称"，原告无权禁止他人正常使用，李先生的行为不构成侵权，而是合理使用。反之，则构成侵权。

李先生提供了许多证据来证明"伤心凉粉"属于通用菜名，这些证据包括书证、有关单位证明和网络电子证据。二审法院认为："上诉人的证据，只能证明重庆磁器口和洋人街的部分凉粉经营者、部分厨师和消费者有将'伤心凉粉'指代一类凉粉的情形，尚无法证明全国市场甚至是凉粉销售较集中的川、渝地区的经营者和消费者普遍认为'伤心凉粉'能指代一类凉粉。于此，本院认为，上诉人的证据尚不足以证明'伤心凉粉'是通用菜品名。"由此可以看到，二审法院认为上诉人已经证明在一定地域范围内"伤心凉粉"成了商品通用名称，但是李先生没有证明在更大的地域范围内或者全国市场上相关消费者普遍认为"伤心凉粉"属于商品通用名称，所以认定"伤心凉粉"不属于通用名称（"通用菜名"）。这是一个很值得讨论的判断，引起我们思考一个问题：我国《商标法》第11条和第59条规定的"通用名称"判断的时候是否采用同样的标准，构成"通用名称"要求的范围究竟多大？

我国《商标法》第11条规定："下列标准不得作为商标注册：（一）仅有本商品的通用名称、图形、型号的；……"笔者认为：《商标法》第11条规定的"通用名称"和第59条规定的"通用名称"应该采取不同的判断标准。《商标法》第11条规定的是哪些商标不得注册，因为商标注册成功之后在全国范围内均有效，在考虑是否属于"通用名称"时应该考虑全国市场或者对全国市场产生影响的地方市场，在小范围内是否把商标作为"通用名称"不是《商标法》第11条考虑的要素。而《商标法》第59条规定在了第七章"注册商标专用权的保护"，属于具体案件中判断是否构成侵权的规定。根据《商标法》第59条规定判断是否属于"通用名称"时考虑的市场范围应该在具体案件中进行把握，笔者认为判断《商标法》第59条是否属于合理使用与判断《商标法》第57条规定是否"容易造成混淆"考虑的市场范围应该是一致的，即被告的市场有多大就考虑多大，而不应该考虑全国市场。

该案中，需要考虑李先生的"沙坪坝区李某某小吃店"的市场范围有多大，如果认为李先生的"沙坪坝区李某某小吃店"的市场范围仅仅为重庆市磁器口一带，那么，法院已经认定"上诉人的证据，只能证明重庆磁器口和洋人街的部分凉粉经营者、部分厨师和消费者有将'伤心凉粉'指代一类凉粉的情形"。虽然法院的话有些语焉不详，但根据法院的认定，重庆磁器口的凉粉经营者、消费者把"伤心凉粉"作为菜名是事实。李先生在店招上使用"伤心凉粉"，相关消费者只会认为李先生的小吃店有这种食品，而不会把李先生的凉粉与商标注册人林女士的凉粉产生混淆。如果是这样的话，认定李先生构成侵权则属于错判了。

所以，如何理解《商标法》第59条构成"通用名称"的市场范围非常重要。

企业字号与商标的冲突
——"致金致钻"商标案

在一些情况下,在先商标已经具有一定的名气,如果在后企业字号的选择与使用存在搭便车的恶意,使相关公众构成混淆的,商标权人有权要求规范使用商号或者停止使用商号。

法律规定

《反不正当竞争法》第2条规定:

经营者在生产经营活动中,应当遵循自愿、平等、公平、诚信的原则,遵守法律和商业道德。

本法所称的不正当竞争行为,是指经营者在生产经营活动中,违反本法规定,扰乱市场竞争秩序,损害其他经营者或者消费者的合法权益的行为。

本法所称的经营者,是指从事商品生产、经营或者提供服务(以下所称商品包括服务)的自然人、法人和非法人组织。

《最高人民法院关于审理注册商标、企业名称与在先权利冲突的民事纠纷案件若干问题的规定》第4条规定:

被诉企业名称侵犯注册商标专用权或者构成不正当竞争的,人民法院可以根据原告的诉讼请求和案件具体情况,确定被告承担停止使用、规范使用等民事责任。

涉案商标

致金致钻
ZHIJINZHIZUAN

刘女士的"致金致钻"商标

在北京市做珠宝生意的刘女士，持有第14类金刚石、宝石、戒指（首饰）等商品上的第8501532号"致金致钻"商标。刘女士发现在辽宁省有一家同做珠宝生意的名为大连至金至钻商贸有限公司（以下简称"至金至钻公司"），刘女士认为大连至金致钻商贸有限公司的企业名称中使用的"至金至钻"，与其持有的"致金致钻"商标读音相同、文字书写近似、文意相同，两者具有高度的相似性，对其注册商标专用权构成侵犯，遂诉至法院，请求法院判令至金至钻公司停止使用"至金至钻"作为企业字号进行经营、停止使用"至金至钻"作为商标销售珠宝商品。

至金至钻公司辩称，我国2002年《商标法实施条例》第53条规定："商标所有人认为他人将其驰名商标作为企业名称登记，可能欺骗公众或者对公众造成误解的，可以向企业名称登记主管机关申请撤销该企业名称登记。企业名称登记主管机关应当依照《企业名称登记管理规定》处理。"而刘女士持有的第8501532号"致金致钻"商标并未构成驰名商标，因此刘女士诉称其使用"至金至钻"作为企业字号侵犯其商标权缺乏法律依据。

2011年11月，辽宁省大连市西岗区人民法院作出一审判决，判令大连至金至钻商贸有限公司立即停止侵犯刘女士"致金致钻"注册商标专用权的行为，即立即停止使用"至金至钻"四字作为企业商号、立即停止使用"至金至钻"作为商号从事经营活动。

随后，大连至金至钻商贸有限公司不服一审判决，提起上诉。

据悉，大连至金至钻商贸有限公司日前撤销上诉，目前该案一审判决已生效。

该案所涉及的主要法律问题是商号与商标的冲突问题。

商号，指的是企业字号，是企业名称中的组成部分。企业名称一般由"行政区划、字号、行业、组织形式"等因素构成，而字号是其核心部分，也是主要识别部分。商号跟商标一样，属于商业标志。

虽然同属商业标志，但是两者的核准、注册程序有很大的区别。企业申请商标，都由商标局决定是否注册，在全国范围内如果在相同或者类似的商品上存在相同或者相似的商标，则不能获得注册。而商号是企业名称的一部分，企业名称由各省（市）工商局核准注册，一般在本省（市）区域内不会存在相同或者相似的企业名称。而且，在核准注册阶段，商标与商号之间一般不会互相参照，没有互相驳斥的可能。因此，各省市之间商号可能存在相同或者相似的情况，商标与商号可能存在相同或者相似的情况。

一般情况下，这种相同或者相似并不会造成违法，或者构成侵权。首先，商号与商号相同或者相似的情况：企业名称由若干部分构成，只要规范地使用企业名称，即使商号相同或者相似，行政区划、行业、组织形式不同，也是可以区分开的。其次，商号与商标相同或者相似的情况：一般情况下，商标与企业名称使用的方式、部位等不同，所起的作用不同，只要规范使用商标和企业名称，一般也不会混淆。

但是，在一些情况下，在先商标已经具有一定的名气，如果在后商号的选择与使用存在搭便车的恶意，使相关公众构成混淆的，则商标权人有权要求规范使用商号或者停止使用商号。《最高人民法院关于审理注册商标、企业名称与在先权利冲突的民事纠纷案件若干问题的规定》第4条规定:"被诉企业名称侵犯注册商标专用权或者构成不正当竞争的,人民法院可以根据原告的诉讼请求和案件具体情况,确定被告承担停止使用、规范使用等民事责任。"

就该案而言,"致金致钻"虽然不是驰名商标,但是如果该商标有一定的名气,在业界有一定的影响,他人将该商标文字或者类似文字注册为企业名称使用,足以构成相关公众混淆的,也会被认为属于不正当竞争,需要根据法律规定承担相应法律责任。另外,据报道,该案中的被告还有不规范使用企业名称的行为,即只使用商号"至金至钻"或者突出使用商号"至金至钻"。根据法律规定,这种不规范使用企业名称的行为属于侵犯商标权的行为,需要承担侵权责任。

综上,商号与商号之间、商号与商标之间的相同或者相似在所难免,但是选择商号的时候不是出于搭便车的故意,并且规范使用商号,一般情况下还是没有法律问题的。而如果为了搭便车而不规范使用,则可能构成侵犯商标权或者不正当竞争,承担赔偿损失、停止使用等法律责任。

把他人商标设置为搜索引擎推广关键词构成侵权吗？
——"53KF"商标案

关键词与网站介绍构成搜索引擎推广的全部内容。当网站介绍是肯定式的时候，消费者会产生混淆，而当网站介绍是对比式或者无关式的时候，要根据案件具体情况进行判断，例如要考虑商品或者服务的种类和价值、网站介绍字数的多少、排列方式、对比方式等，衡量消费者产生混淆的可能性。

法律规定

《商标法》第57条规定：

有下列行为之一的，均属侵犯注册商标专用权：

（一）未经商标注册人的许可，在同一种商品上使用与其注册商标相同的商标的；

（二）未经商标注册人的许可，在同一种商品上使用与其注册商标近似的商标，或者在类似商品上使用与其注册商标相同或者近似的商标，容易导致混淆的；

……

（七）给他人的注册商标专用权造成其他损害的。

第五章　夜阑卧听风吹雨，铁马冰河入梦来：商标的维权　·189·

涉案商标

53KF

"53 KF"商标

六度公司注册了第42类"53KF"商标。群英公司把"53kf"设置为百度、搜狗网络推广的关键词，当网名搜索"53kf"时，排名第一的网站是群英公司网站，其中链接显示为"53kf？在线客服系统为什么一定要选择CC客服？Qycn.Com"，链接下文显示有"选择CC客服原因：……"等字样。群英公司网站经营的商品与六度公司相同，包含在第42类"53KF"商标范围内。不过，群英公司网站上没有"53kf"标识。六度公司认为群英公司把自己的商标设置为搜索引擎推广的关键词，侵犯了自己的商标权，把群英公司告上法庭。本案一审法院判决群英公司构成侵权，群英公司提起上诉，二审法院推翻了一审法院的判决，认定群英公司不构成侵犯商标权。那么，为什么二审法院与一审法院的意见不一致？把竞争对手的商标设置为搜索引擎推广的关键词是否构成侵权呢？本文简要进行分析。

搜索引擎已经成为人们在网上搜索目标的一个重要工具，现在大部分网民在网上寻找某个网站或者产品时都会使用搜索引擎。如果不用搜索引擎，茫茫网络，海量信息，我们很难找到自己想找的东西。我们日常用语中已经把搜索一下说成了"百度一下""谷歌一下"，这说明搜索引擎在人们生活中非常重要，已经影响到现代人的语言系统。

当我们使用搜索引擎来寻找信息（包括产品、服务等信息）的时候就用到了关键词，我们称为"关键词"搜索。这也是网民的一个习惯，我们很少使用一句话或者一段话去搜索，一般会使用关键词。正常情况下，搜索引擎会根据自己的算法给我们一个无干预的答案。不过，搜索引擎也是商业主体，也需要营利。这个时代，广告已经无处不在，搜索引擎也不例外。无论是百度还是搜狗，都有"竞价排名"以及类似的服务。如果有人购买了某个关键词，再显示出来的结果则不会是无干预的结果，而是会首先出现购买这个关键词的网站。在两个网站均购买了某个相同关键词时，一般会根据价格来决定谁排在前面。为了和自然搜索的结果区分开，用了"竞价排名"及类似服务的搜索结果后面会有一些区别标志，有的会标明"推广"等字样，有的底色会用不同的颜色。当然，这种区分能否引起网民的充分注意，估计要因人而异了。

关键词搜索与商标有什么关系呢？商标可以分为图形商标、文字商标和组合商标，其中文字商标以及组合商标中的文字部分均可以作为搜索引擎中使用的关键词。那么，把竞争对手的商标中的文字部分设定为"竞价排名"的关键词，是否侵犯了商标权呢？这就是本案要审理的关键部分。要回答这个问题，需要了解通过"竞价排名"等方式进行网络推广的程序和步骤。

网站购买搜索引擎"竞价排名"等方式的服务之后，需要在后台填写关键词和创意，而创意就是当搜索特定关键词的时候搜索引擎出现的网站介绍。如本案中搜索"53kf"时，搜索引擎页面出现的网站介绍（即"创意"，下同）是"53kf？在线客服系统为什么一定要选择CC客服？Qycn.Com"。也就是说，关键词和创意共同构成一个广告推广的行为。所以，在判断使用他人广告作为关键词进行搜索引擎推广是否侵犯他人商标权时，要同时考虑到关键词和创意。根据搜索引擎的规则，创意一般都包含关键词。笔者认为，创意一般可能有三种方式：（1）肯定式，即创意的其他部分修饰关键词，围绕关键词进行网站介绍；

（2）对比式，创意的其他部分出现另外的核心词，并与关键词进行对比；（3）无关式，其他部分与关键词无关，甚至关键词在创意中被前后字分割，不能成为一个词语。我们见到的第一种方式比较多，第二种方式即本案中的方式，第三种方式最少，但也有。哪种方式可能构成侵犯商标权呢？

一般来说，商标的作用在于区分商品和服务的来源，当使用他人商标标识使得相关公众对商品或者服务的来源产生混淆时，就构成侵权（也有特殊情况，比如商标淡化问题，本文暂不讨论）。消费者（相关公众）在使用搜索引擎时，一般分为两个步骤：第一个步骤，消费者键入一个关键词并确认搜索之后，显示的是一个又一个的网站链接以及网站的简要介绍，购买搜索引擎服务的网站排在前面（如果同时几个网站购买了服务，根据价格等情况排列），同样除了网站链接之外还有网站简介。第二个步骤，消费者对这些显示的网站再进行挑选，选择自己认为合适寻找的网站进行点击，转入具体的网站中，完成搜索引擎的使用。当网站介绍使用肯定式时，消费者会误以为这个网站就是自己要找的那个网站；当网站介绍是比对式或者无关式的时候，消费者会有多大比例点击，以及点击的前提是产生了混淆还是产生了好奇呢？这的确是一个复杂的问题。

笔者认为，关键词与网站介绍构成搜索引擎推广的全部内容。当网站介绍是肯定式的时候，消费者会产生混淆，而当网站介绍是对比式或者无关式的时候要根据案件具体情况进行判断，比如要考虑商品或者服务的种类和价值、网站介绍字数的多少、排列方式、对比方式等，衡量消费者产生混淆的可能性。在本案中，一审法院只考虑了第一个步骤，但是没有考虑第二个步骤。二审法院则考虑了两个步骤，并且认为本案中"从合理谨慎的消费者的角度出发，应当可以识别出两者的不同，不会导致商标法上规定的'容易导致混淆'",这种考虑更为合理。

当然,在该案中,虽然法院认定被告(上诉人)使用对比式的网站介绍不构成侵犯商标权,这种使用关键词的方式是否构成不正当竞争行为,这就需要思考了。笔者认为,这种在搜索引擎推广服务中使用竞争对手商标作为自己网站关键词的行为违反诚实信用原则,客观上减少了商标权人的交易机会,构成不正当竞争行为。因该案中原告方没有提出不正当竞争的诉讼请求,所以该案没有审理。这也提醒律师朋友,在类似案件中应该考虑同时提起侵犯商标权和不正当竞争的诉求,以减少当事人诉累,维护当事人合法权益。

商标与域名的冲突
——"海澜之家"商标案

在互联网发展初期，网民需要知道网站的域名，并输入域名，才能找到相关的网站。现在网民很少通过输入域名来寻找网站了，也很少输入域名，而是大部分通过搜索引擎进行搜索，关注点从英文的域名转移到中文的网站名称、网站介绍、关键词等，域名的作用越来越弱。在这种情况下，判断域名是否侵犯商标权时，应该慎之又慎。

法律规定

《商标法》第57条规定：

有下列行为之一的，均属侵犯注册商标专用权：

（一）未经商标注册人的许可，在同一种商品上使用与其注册商标相同的商标的；

（二）未经商标注册人的许可，在同一种商品上使用与其注册商标近似的商标，或者在类似商品上使用与其注册商标相同或者近似的商标，容易导致混淆的；

……

（七）给他人的注册商标专用权造成其他损害的。

《最高人民法院关于审理商标民事纠纷案件适用法律若干问题的解释》第1条规定：

下列行为属于商标法第五十二条第（五）项规定[修改后的现行《商标法》第五十七条第（七）项规定]的给他人注册商标专用权造成其他损害的行为：

……

（三）将与他人注册商标相同或者相近似的文字注册为域名，并且通过该域名进行相关商品交易的电子商务，容易使相关公众产生误认的。

涉案商标

HLAN

"HLAN"商标

海澜之家服饰有限公司诉东营区海澜宾馆一案在山东法院经过二审，最终法院判决原告海澜之家服饰有限公司胜诉。虽然法院认为被告的行为侵犯了原告的商标权并构成不正当竞争，但不是所有原告的诉讼请求都得到法院的支持，有一些诉讼请求没有得到法院的支持。其中一项比较重要但又没有得到法院支持的诉讼请求是：海澜之家服饰公司认为涉案www.hlan.cn网站域名侵犯了其商标权，被告应该承担侵权责任。法院不支持的理由之一为原告不能证明被告使用了该域名。那么，如果被告使用了该域名是否就一定构成侵犯商标权呢？域名什么情况下会侵犯商标权呢？本文就这一问题进行简要的探讨。

商标的作用是区分商品或者服务的来源，域名的作用是区分不同的网站（或者说计算机、计算机组），商标和域名的作用不一样，一般不会纠结在一起，除非在特殊的情况下，两者产生交叉。

第五章　夜阑卧听风吹雨，铁马冰河入梦来：商标的维权

电子商务的发展越来越迅速，很多交易或者交易机会都是在网络上发现、沟通并成交的，"互联网+"已经影响到任何一个行业。商标法律关系主体是消费者和经营者，域名法律关系主体是网民和网络服务提供者，在电子商务的经营过程中，实现了消费者与网民的重合、经营者与网络服务提供者的重合，这种重合使得商标和域名可能发生交叉和冲突。

商标大部分是由文字和图形组成的，其中组合商标的文字部分（或者文字商标）往往起到主要的识别作用。域名大部分是由英文字母排列组合而成的，这些英文字母与文字商标（或者组合商标中的文字部分）可能构成相同或者近似。由于电子商务中，域名也成了商业性标志之一，在域名与商标相同或者近似的情况下，有可能构成侵犯商标权。

在判断是否侵犯商标权时，除了商业标志本身的相同或者近似之外，还要考虑商品或者服务是否相同或者类似——即使是典型的侵犯商标权的案件中，也必须考虑这两个因素。商标注册了商品或者服务的种类，如何判断域名指向的商品或者服务呢？

一般情况下，域名本身并不能表现出商品或者服务，有的时候即使用了某个商品或者服务的单词作为域名，也不能认为该域名是某种商品或者服务的商业性标志。比如，用"Apple"作为域名的组成部分，不能认为这个域名体现的就是有关苹果这种水果的商品或者服务，也许是有关电子产品的。那么，如何对比域名与商标之间商品和服务是否相同或者类似呢？通过域名指向的网站。域名的作用是区分不同的网站，那么，该网站经营的商品或者服务就是该域名导向的商品或者服务。

《最高人民法院关于审理商标民事纠纷案件适用法律若干问题的解释》第1条规定："将与他人注册商标相同或者相近似的文字注册为域名，并且通过该域名进行相关商品交易的电子商务，容易使相关公众产生误认的"属于《商标法》第52条第（5）项规定的给他人注册商标专

用权造成其他损害的行为。其所体现的就是这个道理：在判断域名是否侵犯商标权时，首先考虑域名与商标是否相同或者近似，其次要考虑商品交易是否"相关"，这两者缺一不可。如果仅仅域名与商标相同或者近似，而商品交易不相关，则不构成侵犯商标权。

在"海澜之家"商标中，法院之所以没有认定涉案www.hlan.cn网站侵犯原告海澜之家服饰有限公司HLAN的商标权，就在于原告没有证明被告在该域名指向的网站发生过相关的商品交易行为。既然被告没有交易行为，那么自然与被告没有关系，被告不会因此被认定为侵权。另外，可以做另一种假设：如果www.hlan.cn网站是被告注册的，被告也有商品交易行为，但是被告的这种交易行为与HLAN商标注册的商品或者服务没有关系，例如"ALAN"商标注册在衣服这样的商品类别上，而www.hlan.cn网站是做住宿类服务的，那么被告会不会构成侵犯商标权？答案是否定的，就像前面说到的，商标与域名的相同或者近似、商品交易相关这两者缺一不可。

通过这个案件，我们也需要再一次审视域名作为商业性标志的作用有多大。这里需要看一下互联网的发展。在互联网发展初期，网民需要知道网站的域名，并输入域名，才能找到相关的网站。现在网民很少通过输入域名来寻找网站了，也很少输入域名，而是大部分通过搜索引擎进行搜索，关注点从英文的域名转移到了中文的网站名称、网站介绍、关键词等，域名的作用越来越弱。在这种情况下，判断域名是否侵犯商标权时，应该慎之又慎，重点考虑消费者是否会造成混淆和误认，既充分保护权利人的合法权益，又要给公共利益留足空间，避免过分保护。

当知名商品特有名称遇到注册商标

——"克东腐乳"不正当竞争案

知名商品的特有名称是我国反不正当竞争法上得概念，在我国商标法中并没有此概念。未在中国注册的驰名商标与他人已经使用并有一定影响的商标都是没有注册的商标，都具有一定的知名度，区别在于知名度的大小以及说知名度范围的大小不同。

法律规定

《反不正当竞争法》第2条规定：

经营者在生产经营活动中，应当遵循自愿、平等、公平、诚信的原则，遵守法律和商业道德。

本法所称的不正当竞争行为，是指经营者在生产经营活动中，违反本法规定，扰乱市场竞争秩序，损害其他经营者或者消费者的合法权益的行为。

……

《反不正当竞争法》第6条规定：

经营者不得实施下列混淆行为，引人误认为是他人商品或者与他人存在特定联系：

（一）擅自使用与他人有一定影响的商品名称、包装、装潢等相同或者近似的标识；

……

1993年《反不正当竞争法》第 5 条规定：

经营者不得采用下列不正当手段从事市场交易，损害竞争对手：

（一）假冒他人的注册商标；

（二）擅自使用知名商品特有的名称、包装、装潢，或者使用与知名商品近似的名称、包装、装潢，造成和他人的知名商品相混淆，使购买者误认为是该知名商品；

……

《商标法》第13条规定：

为相关公众所熟知的商标，持有人认为其权利受到侵害时，可以依照本法规定请求驰名商标保护。

就相同或者类似商品申请注册的商标是复制、摹仿或者翻译他人未在中国注册的驰名商标，容易导致混淆的，不予注册并禁止使用。

……

《商标法》第32条规定：

申请商标注册不得损害他人现有的在先权利，也不得以不正当手段抢先注册他人已经使用并有一定影响的商标。

涉案商标

荣华饼家有限公司"荣华月饼"商标　广东好又多公司"荣华"商标

哈克东

福龙酿造厂商标

律师解读

知名商品的特有名称是我国反不正当竞争法上的概念，我国商标法中并没有此概念。不过，我国商标法中有两个概念与知名商品的特有名称这个概念相近：一个是我国《商标法》第13条规定的"未在中国注册的驰名商标"，另一个是第32条规定的"他人已经使用并有一定影响的商标"。未在中国注册的驰名商标与他人已经使用并有一定影响的商标都是没有注册的商标，都具有一定的知名度，区别在于知名度的大小以及知名度范围的大小不同。

在国内具有一定影响，相关公众所熟知的，则属于未在中国注册的驰名商标；一定范围内有一定影响的，一定范围内的相关公众熟知的，则属于他人已经使用并有一定影响的商标。知名商品的特有名称根据其知名程度和范围，在司法实践中同时会考虑其必要性，可以分别对应未在中国注册的驰名商标和他人已经使用并有一定影响的商标。在司法实践中，知名商品的特有名称如果在国内知名度比较高，相关公众熟知的，同时也有认定驰名商标必要性的，可以认定为未经注册的驰名商标；如果知名度在一定范围内有一定影响力，达不到中国国内相关公众熟知的程度，或者说虽然已经为公众所熟知但是没有认定驰名商标必要性的，可以认定为他人已经使用并有一定影响的商标。

在香港荣华公司诉广东好又多公司侵犯"荣华月饼"商标权和不正当竞争一案中，一审法院经过审理认为"荣华"已经构成商标法上的未注册驰名商标，被告应该承担相应的侵权责任。二审法院经过审理，并没有否认"荣华"构成驰名商标，而是认为荣华月饼作为商品名称，具有区分商品来源的显著特征，认定知名商品特有名称足以保护香港荣华公司的权利，无须再认定驰名商标。可见，"荣华月饼"作为知名商品特有名称，是有可能被认定为未注册驰名商标的，主要在于是否有认定的必要性。

在最高人民法院公告的典型案例之一：四川江口醇酒业（集团）有限公司诉泸州佳冠酒业有限公司、林某某不正当竞争及侵犯商标专用权纠纷上诉案中，一审法院认为"诸葛酿"构成未注册驰名商标，"诸葛酿酒"构成知名商品特有名称。二审法院认为："从广义上讲，知名商品的特有名称、包装和装潢均在一定程度上起到标识产品来源的作用，属于未注册商标。在司法实践中，对权利主张人既要求从知名商品的特有名称、包装和装潢角度予以保护，又要求从未注册驰名商标角度予以保护的，一般择一保护即可。本案中在已经将江口醇公司的'诸葛酿'认定为知名商品的'特有名称'的情况下，没有必要再认定'诸葛酿'为未注册的驰名商标。"从二审法院判决的表述来看，知名商品特有名称属于未注册商标，实践中择一保护即可。究竟如何选择，要根据具体案件和具体情况进行研究、判断。

当然，知名商品的特有名称与未在中国注册的驰名商标、他人已经使用并有一定影响的商标之间存在一些差异，不能一一对应。比如，标识的符号内容不同，知名商品的特有名称由文字构成，而后两者可能由文字、图画、声音等构成；知名度范围的要求不同，知名商品的特有名称的知名度范围的要求与他人已经使用并有一定影响的商标近似，但是对于知名度非常高的可能构成未注册的驰名商标；权利内容与责任承担方式不同，知名商品的特有名称的权利内容与责任承担方式由反不正当竞争法规定，而未在中国注册的驰名商标与他人已经使用并有一定影响的商标的权利内容与责任承担方式由商标法规定，内容存在差异。尽管有以上区别，但是在多数情况下知名商品的特有名称可以在商标类案件尤其是商标行政确权授权类案件中看作未在中国注册的驰名商标或者他人已经使用并有一定影响的商标。

在"克东腐乳"不正当竞争纠纷案件中，黑龙江省克东腐乳有限公司（以下简称"克东腐乳公司"）主张，其生产的克东腐乳商品生产、销售时间较长，销售范围较广，经过持续宣传，使克东腐乳这一商品名称得到了相关公众的普遍认可，在国内市场具有一定的知名度，成为相关公众所知悉的知名商品，而克东腐乳已成为克东腐乳公司生产的腐乳这种知名商品特有的名称。哈尔滨市福龙食品酿造厂（以下简称"福龙酿造厂"）虽然注册了"哈克东"商标，但是福龙酿造厂使用的注册商标文字侵犯了克东腐乳公司的知名商品特有的名称权，福龙酿造厂应当依法承担不正当竞争的侵权责任。

从一审原告克东腐乳公司的诉讼请求来看，克东腐乳公司寻求的是反不正当竞争法上的保护。反不正当竞争法是对经营者的经营行为进行的规定，要求经营者在经营过程中应当遵守自愿、平等、公平、诚实信用原则，遵守公认的商业道德，其目的在于防止经营者使用不正当的手段搭便车，窃取他人的商业利益，被告需要有违反自愿、平等、公平、诚实信用原则或者公认的商业道德的行为才能认定为构成不正当竞争。具体到1993年《反不正当竞争法》第5条（现行《反不正当竞争法》第6条）即知名商品的特有名称的规定，即存在"擅自使用"的行为才能构成不正当竞争。所谓的"擅自使用"，即经营者自己无权使用，也没有得到权利人的许可而使用。一审被告福龙酿造厂已经注册商标，对商标的规范性使用属于有权使用，自己就是权利人，不需要得到他人的许可，不存在擅自使用的问题，不存在违背自愿、平等、公平、诚实信用原则或者公认的商业道德的行为，自然不构成不正当竞争。

从克东腐乳公司的诉求事实与理由来看，主要观点是福龙酿造厂注册的商标并使用的行为侵犯了原告的知名商品的特有名称。注册商标当然是可以使用的，所以克东腐乳公司真正认为侵权的是注册行为，没有注册就没有使用。如果认为福龙酿造厂注册的商标侵犯了知名商品的特有名称，不应该被注册，那么不是反不正当竞争法规范的范围，而是商标法规范的范围了，应该根据商标法的规定向商标评审委员会提出商标无效申请。

因为福龙酿造厂的商标注册时间为2005年，须依照2001年《商标法》的规定。根据2001年《商标法》的规定，克东腐乳公司可以在5年内提出撤销被告商标的申请，理由可以是克东腐乳公司的知名商品的特有名称构成商标法上的未经注册的驰名商标或者他人已经使用并有一定影响的商标，福龙酿造厂的注册商标与克东腐乳公司知名商品的特有名称近似，依照2001年《商标法》第13条、第31条的规定，要求撤销福龙酿造厂的商标。可惜，5年的时间已经过去，克东腐乳公司没有提出，现在也没有了机会。否则，从目前法院审理中查明的事实来看，如果当时提出了撤销商标的申请，在撤销商标的案件中克东腐乳公司胜诉的机会还是很大的。不过，法律给了相关权益人救济的机会和途径，相关权益人自己没有依法提出，属于漠视自己的权益，怪不得他人。

或许正是因为可以申请撤销商标的时间已经过去，克东腐乳公司无法根据2001年《商标法》的规定来撤销福龙酿造厂的商标，转而寻求《反不正当竞争法》第5条的保护。但是，除非福龙酿造厂不规范使用注册商标，导致相关公众产生误认，否则福龙酿造厂合法使用注册商标的行为不构成不正当竞争行为。这也是克东腐乳公司无法得到法院支持的原因。反之，如果福龙酿造厂使用注册商标不规范，存在搭便车的行为，克东腐乳公司依然可以起诉福龙酿造厂构成不正当竞争。

商标与不正当竞争的选择

——"皇朝"商标案

（1）对"国+商标指定商品名称"作为商标申请，或者商标中含有"国+商标指定商品名称"的，以其"构成夸大宣传并带有欺骗性""缺乏显著特征"和"具有不良影响"为由，予以驳回。

（2）对带"国"字头但不是"国+商标指定商品名称"组合的申请商标，应当区别对待。对使用在指定商品上直接表示商品质量特点或者具有欺骗性，甚至有损公平竞争的市场秩序，或者容易产生政治上不良影响的，应予驳回。

法律规定

《最高人民法院关于审理商标民事纠纷案件适用法律若干问题的解释》第1条规定：

下列行为属于商标法第五十二条第（五）项规定的给他人注册商标专用权造成其他损害的行为：

（一）将与他人注册商标相同或者相近似的文字作为企业的字号在相同或者类似商品上突出使用，容易使相关公众产生误认的；……

《反不正当竞争法》第6条规定：

经营者不得实施下列混淆行为，引人误认为是他人商品或者与他人存在特定联系：

（一）擅自使用与他人有一定影响的商品名称、包装、装潢等相同或者近似的标识；

（二）擅自使用他人有一定影响的企业名称（包括简称、字号等）、社会组织名称（包括简称等）、姓名（包括笔名、艺名、译名等）；

（三）擅自使用他人有一定影响的域名主体部分、网站名称、网页等；

（四）其他足以引人误认为是他人商品或者与他人存在特定联系的混淆行为。

涉案商标

皇朝

"皇朝"商标

2013年，香港皇朝家俬集团有限公司（以下简称"香港皇朝"）与深圳皇朝家私有限公司（以下简称"深圳皇朝"）因为"皇朝"商标的问题走上法庭。"皇朝"商标目前在香港皇朝名下，香港皇朝起诉深圳皇朝的理由为侵犯商标权和不正当竞争。深圳皇朝辩称自己并没有使用"皇朝"商标，但是不使用"皇朝"商标就不构成侵犯商标权或者不正当竞争吗？本文主要讨论一下公司名称使用与侵犯商标权以及不正当竞争之间的关系。

根据我国法律的规定，商品或者商品的包装上必须注明生产企业的名称。比如，我国《产品质量法》第27条规定："产品或者其包装上的标识必须真实，并符合下列要求：………（二）有中文标明的产品名称、生产厂厂名和厂址……"但是，如果企业名称注明不当，则可能构成侵犯商标权。《最高人民法院关于审理商标民事纠纷案件适用法律若干问题的解释》第1条规定："下列行为属于商标法第五十二条第（五）项规定的给他人注册商标专用权造成其他损害的行为：（一）将与他人注册商标相同或者相近似的文字作为企业的字号在相同或类似商品上突出使用，容易使相关公众产出误认的……"

根据笔者的经验，这种把与他人注册商标相同或者相近似的文字作为企业的字号在相同或类似商品上"突出使用"主要有两种情况：（1）用与其他部分文字不同的字体、字号、颜色，比如使用大一号的字体、鲜艳的颜色等；（2）使用简称。如果这种"突出使用"容易造成相关公众误认的，则构成侵犯商标权。假设深圳皇朝在产品的包装上突出了"皇朝"二字，以至于消费者可能产生混淆，那么深圳皇朝就构成侵犯商标权。

以上说的是企业名称与侵犯商标权之间的关系，下面说一下企业名称使用不当与不正当竞争的关系。

（1）我国1993年《反不正当竞争法》第5条规定了对知名商品的保护。该条第2款规定，"擅自使用知名商品特有的名称、包装、装潢，或者使用与知名商品近似的名称、包装、装潢，造成和他人的知名商品相混淆，使购买者误认为是知名商品"属于不正当竞争的行为。[现行《反不正当竞争法》第6条规定：经营者不得实施下列混淆行为，引人误认为是他人商品或者与他人存在特定联系：（一）擅自使用与他人有一定影响的商品名称、包装、装潢等相同或者近似的标识；（二）擅自使用他人有一定影响的企业名称（包括简称、字号等）、社会组织名称（包括简称等）、姓名（包括笔名、艺名、译名等）。]如果"皇朝家具"属于知名商品，那么他人将不能使用"皇朝家具"或者"皇朝家私"这样的名称放在商品和包装上,或者进行宣传。否则,如果造成消费者的误认,就可能被认为属于不正当竞争。

(2) 把他人商标注册为企业字号这种行为本人就可能构成不正当竞争行为。最高人民法院〔2004〕民三他字第10号函指出:"对违反诚实信用原则,使用与他人注册商标中的文字相同或者近似的企业字号,足以使相关公众对其商品或者服务的来源产生混淆的,根据当事人的诉讼请求,可以依照《民法通则》有关规定以及《反不正当竞争法》第2条第1~2款规定,审查是否构成不正当竞争行为,追究行为人的民事责任。"根据该司法文件的规定,如果明知他人的商标,为了搭便车的目的,把他人的注册商标注册为企业名称,可能构成不正当竞争。是否明知他人的注册商标,跟他人注册商标的知名程度有关系。实践中,一般也是有些名气的商标、驰名商标遇到这个问题比较多,因为这些商标也有被搭便车的价值。假如他人的注册商标是驰名商标,那么将他人驰名商标注册为企业名称,就存在很明显的搭便车嫌疑,被认定为不正当竞争的可能性比较大。反过来,如果他人的商标属于一般商标,没有什么名气,即使注册为企业名称,也不能认为是为了搭便车,也不会产生混淆。

(3) 如果企业名称与他人企业名称相同或者相似,可能构成不正当竞争。《最高人民法院关于审理注册商标、企业名称与在先权利冲突的民事纠纷案件若干问题的规定》第2条规定:"原告以他人企业名称与其在先的企业名称相同或者近似,足以使相关公众对其商品的来源产生混淆,违反反不正当竞争法第五条第(三)项的规定为由提起诉讼,符合民事诉讼法第一百零八条规定的,人民法院应当受理。"这里所说的"他人企业名称"并非一般的企业名称,而是该企业名称在市场上有一定的知名度,甚至可以作为驰名商标的企业名称。因为我国企业名称注册并非全国统一,而是分区域管理。比如,正常情况下,在一个省已经注册的企业名称，在另外一个省仍然可以注册。但是如果他人的企业名称已经存在多年，并且有相当的知名度，为了搭便车的目的在另外一个地方注册相同字号的企业名称，从事相同或者近似的行业，则被认为属于不正当竞争的可能性比较大。根据该条司法解释的规定，香港皇朝注册在先，深圳皇朝注册在后，如果法院认为深圳皇朝使用其名称存在恶意，可能使相关公众对其商品来源产生混淆，则应当判定构成不正当竞争。

如果法院最终认定企业名称的不当使用构成侵犯商标权或者构成不正当竞争，那么法律后果是很严重的。首先，需要赔偿他人的经济损失；其次，法院可以判决要求规范使用企业名称；最后，如果侵权比较严重，或者多次侵权，通过规范使用无法解决的，法院可以判决停止使用该企业名称。

综上，通过两个"皇朝"掐架的案子，我们应该知道企业名称的选择与使用也必须符合相关的法律规范，否则也存在侵权或者构成不正当竞争的可能性。如果有人想通过注册企业名称的方式来攀附他人驰名商标的商誉，则需要小心了，后果可能很严重。诚信经营，遵守商业道德既是法律的要求，也是健康的市场经济的要求。

连锁酒店被侵犯商标权怎么办
——"汉庭"商标案

加盟连锁的核心是企业自有的知识产权,而酒店类企业的知识产权最重要的是商标权。商标的价值在于商誉。规模效应可以提高商誉,如果处理不当也可以毁掉商标的商誉。如果在加盟连锁的过程中只注重规模的扩大,忽视质量管理、风险控制,那么规模越大,潜在的风险就越大。

法律规定

《商标法》第57条规定:

有下列行为之一的,均属侵犯注册商标专用权:

(一)未经商标注册人的许可,在同一种商品上使用与其注册商标相同的商标的;

(二)未经商标注册人的许可,在同一种商品上使用与其注册商标近似的商标,或者在类似商品上使用与其注册商标相同或者近似的商标,容易导致混淆的;

(三)销售侵犯注册商标专用权的商品的;

……

涉案商标

汉庭

"汉庭"商标

盐城市建湖县有一位个体工商户开了一家宾馆,名叫:汉庭假日宾馆。被享有"汉庭"商标权利的汉庭星空(上海)酒店管理有限公司发现后,起诉到法院。该案经过一审、二审程序,2017年4月法院终审裁判。就这一案件本身而言,并无很大的争议,汉庭星空(上海)酒店管理有限公司享有权利的"汉庭"商标注册在43类,服务类别有"住宿",而被告所开的汉庭假日宾馆也属于住宿类的服务,侵权是没有问题的。本文借此案简要分析一下目前连锁酒店不断出现侵犯商标权案件的原因和可以采取的措施。

近些年来,连锁酒店不断出现商标侵权、不正当竞争等法律纠纷,如家、星程、汉庭等酒店都遇到了此种类型的案件。这说明连锁酒店在经历一轮又一轮的扩张之后,法律风险也随之出现,并且在不断增长中。这种案件的出现不是偶然的,而是有一定的原因。而酒店行业从业者需要找出其中的原因并采取相应对策。

第一,与生产行业相比,酒店服务业进入门槛低,复制他人的模式比较容易。这是酒店业容易出现侵权现象的最直接原因之一。生产行业可以通过多种知识产权进行综合保护,如综合专利保护、商标保护、技术秘密保护等;服务业一般只能通过商标权进行保护,酒店业就是典型的服务业。所以,商标对于酒店尤其是连锁酒店的意义非常重大。

第二，酒店业，以及餐饮、超市等企业，主要收入来源在店面所在地一定范围内，市场主要在店面所在地。即使申请了注册商标，外地企业使用其注册商标对其利益影响也并不大，所以此类企业权利人自身维权动力不足，目前看到的主要是一些连锁企业有维权的动力。即使这些连锁企业维权也会考虑市场的问题，对于其并没有开始发展的三线四线城市同样缺乏维权的动力。所以，三线四线城市出现侵权的现象比较多。这就给了酒店等服务业提示：如果企业发展的规划范围是全国的话，三线四线城市要提前进行预防。

第三，三线四线城市中司法、执法工作人员知识更新不足、意识尚不到位。三线四线城市假冒他人注册商标行为的存在说明可以给侵权人带来好处，同样说明消费者在选择商品时会关注商标。但是，知识产权法律属于比较新的法律部门，许多三线四线城市的司法、执法人员在学校时并没有学习过，加上这些城市不重视对司法、执法人员工作后的学习教育，所以司法、执法人员往往缺乏这方面的法律知识。没有知识就没有工作能力。

加盟连锁的方式可以迅速地扩大经营规模，带来规模效益，提升知识产权的价值。但是，如果一味地只注重跑马圈地，而不注重知识产权的保护，那么这样肯定会出问题。而我国的大部分酒店等服务业只是处于前期的跑马圈地阶段，或者刚刚完成这个阶段。

加盟连锁的核心是企业自有的知识产权，而酒店类企业的知识产权最重要的是商标权。商标的价值在于商誉。规模效应可以提高商誉，如果处理不当也可以毁掉商标的商誉。如果在加盟连锁的过程中只注重规模的扩大，忽视质量管理、风险控制，那么规模越大，潜在的风险就越大，"好事不出门，坏事传千里"，不管其他的加盟人和商标权人本人如何维护商标的商誉，其中任何一个加盟人出现问题都可能对该商标的商誉造成毁灭性影响。商标失去商誉也就失去了价值。因此，连锁酒店等服务业除了跑马圈地，还要注意维护自己的权利，不要让自己的努力毁于泛滥的侵权行为。

以下建议连锁酒店等服务业可以考虑：

（1）积极维权。企业如果想发展壮大，考虑长远，必须积极维护自己的权益。知识产权是私权利，私权利需要权利人自己去积极维护，不能只是依靠政府。

（2）合理布局。如果侵权普遍，要对侵权情况进行初步调查，制订维权计划，合理布局，积极推进。

（3）维权中与律师、调查公司配合。如果企业还没有建立自己的维权团队，那么一定要建立相关的部门或者负责人员，并且可以考虑与专业的律师和调查公司配合，维护自己的合法权益。

（4）维权中与媒体配合。维权的成果应该及时通报给媒体，让其他侵权人知道权利人在维护自己的权利，有益于侵权人自动停止侵权。

（5）取得工商行政部门的支持。工商行政部门有查处侵权商品的职责，企业应该积极与工商行政部门配合，有利于取得更好的效果。

"搭便车"——企业名称与商标的冲突

企业名称与商标冲突的案件往往会给商标权人造成不良影响,甚至重大损失。遇到此类事情务必尽快处理,市场份额给公司造成损失往往不足以为惧,但如果因为其产品质量出现问题而给自己的品牌造成不良影响,这个损失就大了。

法律规定

《商标法》第58条规定:

将他人注册商标、未注册的驰名商标作为企业名称中的字号使用,误导公众,构成不正当竞争行为的,依照《中华人民共和国反不正当竞争法》处理。

《反不正当竞争法》第2条规定:

经营者在生产经营活动中,应当遵循自愿、平等、公平、诚信的原则,遵守法律和商业道德。

本法所称的不正当竞争行为,是指经营者在生产经营活动中,违反本法规定,扰乱市场竞争秩序,损害其他经营者或者消费者的合法权益的行为。

本法所称的经营者,是指从事商品生产、经营或者提供服务(以下所称商品包括服务)的自然人、法人和非法人组织。

《最高人民法院关于审理注册商标、企业名称与在先权利冲突的民事纠纷案件若干问题的规定》第4条规定:

第五章 夜阑卧听风吹雨，铁马冰河入梦来：商标的维权

被诉企业名称侵犯注册商标专用权或者构成不正当竞争的，人民法院可以根据原告的诉讼请求和案件具体情况，确定被告承担停止使用、规范使用等民事责任。

涉案商标

"罗技"商标　　　　　　　"威极"商标

曾经有一家公司聘请笔者担任他们的法律顾问，这家公司的主要产品是继电器等系列产品，这里暂且称其为A公司。A公司做继电器类产品已经有些年头，其生产的继电器类产品质量很好，且在业界有一定的影响。为了更好地经营自己的产品，A公司在几年前就申请注册了商标。经过几年的使用，A公司的商标已经有一定的影响力。A公司的一个员工从A公司辞职之后，也想生产继电器类产品，就注册了一家B公司。B公司经销的产品与A公司一样，但是其产品质量差很多。B公司企业名称中的字号使用了跟A公司商标名称一样的文字。众所周知，企业名称一般有行政区划、字号、行业和组织形式来组成，其中字号是企业名称中的主要识别部分。而企业名称与商标一样，都属于商业标志。虽然其使用方式不一样，但是在某些时候还是有可能造成混淆。果然，过了一段时间，有些客户拿着B公司生产的出现质量问题的产品找到A公司，要求A公司负责更换、维修。这个时候，A公司才发现问题的严重性。这种情况下，A公司应该怎样处理呢？

其实，现在这种情况并不少。在我国的商业活动中，从来不缺乏违法搭便车的案例。法律从许多方面对于违背商业道德搭便车的行为进行

了规制，比如根据商标法的规定，企业不但不能注册与他人已注册商标相同的商标，也不能注册与他人已注册商标相似的商标。但是，在实践中各种搭便车的行为还是层出不穷。A公司遇到的情况是B公司将其商标注册成了企业名称，这种类型的案件在各行各业都有，并且法院已经有了相关判例。

2003年，苏州罗技电子有限公司（以下简称"苏州罗技"）将广州罗技电子有限公司（以下简称"广州罗技"）告上法庭。苏州罗技是"罗技"商标的注册人，广州罗技使用"罗技"作为公司企业名称中的字号，并在宣传过程中突出"罗技"这个字号，苏州罗技认为广州罗技的行为构成不正当竞争。法院审理查明，"罗技"商标在市场上具有较高的知名度。而广州罗技对其将"罗技"注册为企业字号未能作出合理的解释，作为同行业竞争者，广州罗技将与苏州罗技已经使用并有一定影响的与注册商标相同的文字作为企业字号，并在同种或者类似商品上使用，容易使相关公众产生误认，从而可能损害其他同行业竞争者的合法权益。根据公平、诚实信用原则，广州罗技的行为构成不正当竞争。广州罗技停止使用其企业字号，并到工商登记机关办理企业名称变更手续。

此类案件的判决依据主要是《反不正当竞争法》和《最高人民法院关于审理注册商标、企业名称与在先权利冲突的民事纠纷案件若干问题的规定》。《反不正当竞争法》第2条规定："经营者在生产经营活动中，应当遵循自愿、平等、公平、诚信的原则，遵守法律和商业道德。本法所称的不正当竞争行为，是指经营者在生产经营活动中，违反本法规定，扰乱市场竞争秩序，损害其他经营者或者消费者的合法权益的行为。"《最高人民法院关于审理注册商标、企业名称与在先权利冲突的民事纠纷案件若干问题的规定》第4条规定："被诉企业名称侵犯注册商标专用权或者构成不正当竞争的，人民法院可以根据原告的诉讼请求和案件具体情况，确定被告承担停止使用、规范使用等民事责任。"在实践中，此类案件基本上是按照不正当竞争案件处理的，一般还与侵犯商标权的案件交织在一起。因为往往行为人选择他人具有一定知名度的商标作为企业名称的目的就是为了给相关公众造成混淆，来"搭便车"。所以，除了注册企业名称之外，行为人在宣传、介绍上往往会想方设法与该商标搭上关系，而这种搭关系的行为可能会侵犯他人的商标权。

企业名称与商标冲突的案件往往会给商标权人造成不良影响，甚至重大损失。2012年5月22日，佛山市高明区政府向社会公布"某大型调味公司"使用工业盐代替食用盐生产酱油产品，即毒酱油事件，随即引起舆论关注。次日，佛山市高明区政府紧急召开新闻发布会，澄清该"某大型调味公司"为佛山市高明威极调味食品有限公司，但社会舆论仍纷纷猜测佛山海天调味品公司与威极公司之间存在关联关系。海天调味品公司生产的海天酱油是知名商品，其"海天"商标是驰名商标。海天调味品公司还有另外一个"威极"商标，并且生产有威极牌生抽和陈醋。据海天调味品公司调查，因为毒酱油事件的影响，其销售额下降15%~20%。海天调味品公司把威极调味食品有限公司告上法庭，法院一审判决威极调味食品有限公司败诉，不能再使用"威极"作为企业名称，并赔偿海天调味品公司655万元。虽然海天调味品公司胜诉，但是案件的执行还需要一定时间，最后威极调味食品有限公司有无赔偿能力还是未知数。海天调味品公司的损失已经发生，这却是铁的事实。

当A公司发现B公司的行为之后，笔者马上给出了律师意见：鉴于A公司的商标已经有了一定的知名度，B公司将与该商标相同的文字注册为企业名称中的字号，并在宣传中故意混淆与A公司的关系，已经构成不正当竞争。建议A公司马上采取法律行动，起诉B公司构成不正当竞争行为，要求B公司赔偿损失并更改企业名称。

律师建议

遇到此类事情务必尽快处理，市场份额给公司造成损失往往不足以为惧，但如果因为其产品质量出现问题而给自己的品牌造成不良影响，这个损失就大了。

山寨银行的商标法问题

注册商标没有前置审批程序,不再需要有关部门审批之后才能申请注册。根据商标法的规定,只有在特定商品和服务种类上,"银行""Bank"不能注册为商标。

法律规定

《商标法》第10条规定:

下列标志不得作为商标使用:

……

(七)带有欺骗性,容易使公众对商品的质量等特点或者产地产生误认的;

……

《商标法》第11条规定:

下列标志不得作为商标注册:

(一)仅有本商品的通用名称、图形、型号的;

(二)仅直接表示商品的质量、主要原料、功能、用途、重量、数量及其他特点的;

(三)其他缺乏显著特征的。

前款所列标志经过使用取得显著特征,并便于识别的,可以作为商标注册。

2015年7月，山东临沂兰陵县一男子开设了一家"建设银行"，并在该"银行"内悬挂"助农银行卡取款网点"标识。2015年10月，江苏常州出现一家挂有"SOCIANBANK首山财行"招牌的"银行"，在营业厅内墙上显著位置还标着"首山·江苏支行·常州分行"等字样。在北京，也出现过"银谷银行"等名称的企业。据北京银监局介绍：有单位、个人申请并取得含有"银行""Bank"字样的商标或预核准单位名称，将取得的商标或者单位名称通过广告牌、互联网广告、网站名称等方式进行宣传。为防止类似信息引发公众误解，银监部门提示消费者注意风险。为什么有的单位和个人可以申请含有"银行""Bank"字样的商标或预核准单位名称呢？本文下面做简单的分析。

第一，注册商标没有前置审批程序，不再需要有关部门审批之后才能申请注册。根据商标法的规定，只有在特定商品和服务种类上，"银行""Bank"不能注册为商标。

我国《商标法》第11条规定：

下列标志不得作为商标注册：

（一）仅有本商品的通用名称、图形、型号的；

（二）仅直接表示商品的质量、主要原料、功能、用途、重量、数量及其他特点的；

（三）其他缺乏显著特征的。

即不具有显著性的标志不能注册成商标。

我国商标注册为分类注册，全部商品和服务共分为45类，前34类为商品类，后11类为服务类。第36类为金融类，即如果从事银行业务，需要把商标注册在第36类。而"银行""bank"（英文的"银行"）属于金融类服务的通用名称，不具有显著性，所以不能单独注册在第36类金融服务中。

如果"银行""bank"注册在其他种类则一般具有显著性。这个道理就像"苹果"商标不能注册在水果类的商品种类中，但是可以注册在手机类的商品种类中一样。因此，"银行""bank"可以注册在除第36类以外的其他商品或者服务上，但是，在具体的案件中也要注意，这种注册不能"带有欺骗性，容易使公众对商品的质量等特点或者产地产生误认"，即不得违反《商标法》第10条的规定。

第二，登记为企业名称的字号也是有可能的。

目前，绝大部分企业登记已经取消了前置审批程序。企业名称由"地域+字号+行业+组织形式"四个部分构成。如果把"银行""bank"不是作为行业，而是作为字号注册，只要不与在先字号冲突，也不会带来混淆，还是可以注册的。而对此类注册，工商机关应该谨慎处理，防止企业名称的注册误导消费者和引起不正当竞争。

第三，山寨银行的出现，给消费者带来了混淆和误认。

如果山寨银行做虚假广告，在不合适的位置使用"银行"两个字，引起混淆与误认，消费者可能真的认为山寨银行也是银行，可以开展银行类业务，比如存款等，可能会给消费者造成非常大的经济损失。

对于行业而言，如果山寨银行横行，会产生消费者对整个银行业的不信任，不利于银行业的发展。另外，也可能会产生劣币驱逐良币，本来属于正规银行的商业机会，被山寨银行篡夺。

第四，企业开展银行类业务需要特殊的审批，法律规定了较高的条件，如果没有经过有关部门的审批，山寨银行就经营银行类业务，就可能会涉及违法犯罪。作为银行的监管部门，应该及时掌握辖区内银行业的动态，对山寨银行及时处理，减少消费者的损失。对于构成犯罪的，银行监管部门应与公安机关一起，及时查处，追究相关人员的责任。

政府部门切忌不作为，任由山寨银行经营和发展，否则将给消费者带来很严重的损失，之后及时查处，也往往为时已晚，钱款无法追回。

浅谈商标法中的惩罚性赔偿原则

只有某些市场经济领域侵权泛滥,影响到市场竞争秩序时,法律才会考虑规定惩罚性赔偿,比如消费者维权领域、侵犯知识产权的领域。目前我国侵犯知识产权尤其是侵犯商标权的案件呈上升趋势,整个社会侵犯知识产权的情况比较严重,适用惩罚性赔偿原则有利于保护权利人的权利和有效遏制侵权行为的发生,维护市场竞争秩序。

法律规定

《商标法》第63条规定:

侵犯商标专用权的赔偿数额,按照权利人因被侵权所受到的实际损失确定;实际损失难以确定的,可以按照侵权人因侵权所获得的利益确定;权利人的损失或者侵权人获得的利益难以确定的,参照该商标许可使用费的倍数合理确定。对恶意侵犯商标专用权,情节严重的,可以在按照上述方法确定数额的一倍以上三倍以下确定赔偿数额。赔偿数额应当包括权利人为制止侵权行为所支付的合理开支。

在侵权案件中,尤其在财产类侵权案件中,一般适用填平原则,即损失多少、赔偿多少。一方面要全部赔偿,另一方面也不会使被侵权人因此获利。比如,甲把乙的汽车撞报废了,车是两年前花10万元买的,开了两年现值为8万元,虽然车报废了但是还有残值1万元,那么甲应该赔偿乙7万元(8万-1万);乙的实际损失是7万元,不是8万元,也不是10万元。后来人们发现,在某些领域适用填平原则可能会让侵权人总体上获利,并且不利于维护社会正常的市场经济秩序。比如在消费者权益保护的领域,如果消费者被经营者欺诈,而消费者只能根据填平原则得到赔偿的话,由于主张权利的消费者数量少,则导致经营者欺诈消费者成了一个有利可图的选择,反而诚信经营的经营者处于不利的竞争地位,所以,为了遏制日益突出的欺诈消费者的情况,法律规定了经营者欺诈消费者的须加倍或者三倍赔偿消费者,即惩罚性赔偿。

惩罚性赔偿原则,即赔偿金额大于实际损失,对侵权人带有惩罚性质的赔偿原则。惩罚性赔偿能否适用于侵权案件,理论界是有争议的。从目前法律规定来看,在侵权案件中一般适用的依然是填平原则,特殊情况下可以适用惩罚性赔偿原则。笔者认为特殊情况是指:(1)有法律的明确规定;(2)考虑恶意。

只有某些市场经济领域侵权泛滥,影响到市场竞争秩序时,法律才会考虑规定惩罚性赔偿,比如以上说到的消费者维权领域,另外还有侵犯知识产权的领域。目前我国侵犯知识产权尤其是侵犯商标权的案件呈上升趋势,整个社会侵犯知识产权的情况比较严重,"乱世用重典",适用惩罚性赔偿原则有利于保护权利人的权利和有效遏制侵权行为的发生,维护市场竞争秩序。另外,也有人认为在知识产权领域使用惩罚性赔偿是因为知识产权具有一些不同于物权的特点,导致知识产权易被侵权,且损失数额难以确定,往往判赔数额低于实际损失。笔者认为这些因素依然是如何适用填平原则的问题,即如何计算出正确的损失数额,不是惩罚性赔偿的问题。即使在侵犯知识产权领域适用惩罚性赔偿原则,也是在特殊情况下适用,一般情况下还是适用填平原则,区分特殊情况和一般情况的一个重要因素就是：恶意。

填平原则一般不考虑主观心理状态，故意也好、过失也好，都需要对被侵权人的损失全部赔偿。不过，在使用惩罚性赔偿原则时都会强调侵权人的主观心理状态，即恶意。比如，在消费者权益保护的案件中，只有欺诈的情况下才会有加倍赔偿，欺诈就是一种恶意。我国《商标法》第63条第1款第二句规定："对恶意侵犯商标专用权，情节严重的，可以在按照上述方法确定数额的一倍以上三倍以下确定赔偿数额。赔偿数额应当包括权利人为制止侵权行为所支付的合理开支。"如果没有恶意，只能适用填平原则。

《商标法》第63条第1款第二句中所指的"恶意"如何界定呢？笔者认为：首先，恶意是明知故犯，即明知权利人有相关的商标权，明知自己的行为会构成侵权，仍然选择侵权。比如，曾经是该商标的代理商，代理到期后侵权的；侵犯驰名商标的；等等。在实践中，有些侵犯商标权的行为是明知的，也有一些侵犯商标权的行为不是明知的，而是存在过失，这个要区分开。其次，恶意是屡教不改，即不止一次侵犯他人商标权，或者收到通知后依然不知悔改继续侵权的。比如，曾经因为侵犯商标权被处罚，再次侵权的；收到权利人的律师函后继续侵权的等。如果侵权人明知故犯且屡教不改，可以认为构成恶意，适用惩罚性赔偿。

2013年，修改《商标法》加入惩罚性赔偿时，很多业内人士欢欣鼓舞，认为增加惩罚性赔偿的规定有利于更好地维护商标权人的商标权，有利于维护市场竞争秩序。可是，几年过去了，我们发现在侵犯商标权的案件中，当事人主张适用惩罚性赔偿的很少，法院判决中适用惩罚性赔偿的更是少之又少。也就是说，这条法律摆在了那里，却成了很少动用的规定。这是很危险的，法律的生命在于实践，一条法律规定总不能在实践中被适用，说明这个规定是有问题的。

《商标法》第63条第1款规定："侵犯商标专用权的赔偿数额，按照权利人因被侵权所受到的实际损失确定；实际损失难以确定的，可以按照侵权人因侵权所获得的利益确定；权利人的损失或者侵权人获得的利益难以确定的，参照该商标许可使用费的倍数合理确定。对恶意侵犯商标专用权，情节严重的，可以在按照上述方法确定数额的一倍以上三倍以下确定赔偿数额。赔偿数额应当包括权利人为制止侵权行为所支付的合理开支。"其实，法院适用《商标法》第63条第1款的情况就很少。该款分为两句，第一句规定的是一般情况下赔偿数额如何确定，第二句规定的是什么时候适用惩罚性赔偿。而惩罚性赔偿金额的确定是以第一句一般情况下赔偿金额的确定为依据的，即"按照上述方法确定数额的一倍以上三倍以下确定赔偿金额"。适用惩罚性赔偿最重要的难点之一就在于无法确定一般情况下的赔偿数额。

《商标法》第63条第1款第一句规定适用的是填平原则，即法院查明损失，根据权利人的损失确定赔偿金额。因为知识产权与其他权利相比具有一些特殊之处，如可复制、无法事实上独占，等等。前面讲到的汽车损失的例子，基本上可以准确地计算出损失有多大。知识产权案件却很难计算。

一个商标被侵权，商标权人或许因为侵权行为导致经营受到影响，或许没有因此受到影响，甚至销售额与之前相比还有很大程度的提升，即使没有提升而是下降，或许是因为经济疲软的因素，而非侵权的原因，那么商标权人有损失吗？如何证明和计算呢？

当商标权人的损失难以计算时，可以考虑侵权人的获利是否可以证明和计算。首先，侵权人获利的证据一般在侵权人的手里，权利人难以取证，甚至侵权人因为经营不规范也没有相应证据。即使特别的情况下，掌握了侵权人的账本、销售数据等，如果侵权人还没有营利呢？即使侵权人营利了，那么侵犯商标权的部分应该占到营利部分的多少呢？这些都是极其难以证明和计算的问题。法律也没有具体规定如何计算。

根据该款规定，权利人的损失和侵权人的营利无法确定时，可以参考商标使用费的倍数。可是，实践中经常出现的情况是：商标没有许可使用他人，这个参考也无法适用。即使存在商标许可使用的情况，往往约定商标许可使用的时间、范围、条件等有特殊之处，甚至与其他的商业利益交织在一起，很难恰好作为商标侵权案件的参考。比如，商标许可使用的地域范围是广东省，那么在内蒙古自治区发生了侵犯商标权的案件，可以参考商标使用费吗？两个地域经济情况完全不一样。

正是因为《商标法》第63条第1款第一句规定的计算赔偿的方法大多数情况下无法证明，所以实践中案件大量适用的是《商标法》第63条第3款的规定，即法院根据具体情况酌定赔偿金额。惩罚性赔偿规定在第1款中，在第1款第一句规定的基本数据无法确定的情况下，惩罚性赔偿的规定自然失去了用武之地，这也是法院很难适用惩罚性赔偿的最重要原因。

综上，在侵权案件中，填平原则还是主要的赔偿原则，惩罚性赔偿原则是补充，在法律有明确规定的情况下才可适用。商标法虽然规定了惩罚性赔偿，但是因为惩罚性赔偿的基础是确定权利人的损失或者侵权人的获利，而这两点在实践中往往无法证明，导致法院很难适用惩罚性赔偿。要解决这一问题，首先需要细化规则，使权利人的损失和侵权人的获利可以被证明和计算。只有解决了这个问题，惩罚性赔偿的规定才能落到实处。

珠宝首饰行业商标申请的律师意见

有的经营者把他人在第14类注册的商标注册到第26类和第25类，遇到这种情况时，第14类商标的注册人往往会非常气恼，创建一个品牌不容易，搭便车或者囤积商标却很简单。

法律规定

《商标法》第22条规定：

商标注册申请人应当按规定的商品分类表填报使用商标的商品类别和商品名称，提出注册申请。

……

《商标法》第23条规定：

注册商标需要在核定使用范围之外的商品上取得商标专用权的，应当另行提出注册申请。

近年来，知识产权越来越受到重视，这是不争的事实。商战经常可能发展到知识产权战争，最后的获胜者往往获得更高的市场地位。如何保护企业的知识产权呢？笔者认为，行业的不同往往会导致保护的重点不同。我们知道，知识产权大概可以分为商标、专利、著作权三种，不同的行业中，侧重点不同。比如，在影视文化行业中，著作权的保护至关重要,大家都在争夺著作权或者保护自己的著作权;在生物化工领域,专利权的保护非常重要,新的发明技术方案如果不能得到专利权的保护,则往往意味着前期巨大成本付诸东流;在一些领域,商标特别重要,虽然消费者也会在意产品的设计,但是往往更注重商品的品牌,这些领域包括服装业、珠宝首饰业、餐饮业等,对于这些行业来说,品牌往往意味着一切。

当品牌特别重要的时候,企业面临的第一步往往是注册哪一种类的商标。我国商标实行分类注册制度,把商标分为45大类,前34大类为商品类,后11大类为服务类,这45大类又分为若干小类。面对这么多种类的商品和服务,很多企业会迷惑:商标到底应该注册在哪一类呢?笔者曾经帮多家珠宝首饰类企业解决过他们遇到的商标问题。其中一个非常突出的情况是:发生商标纠纷问题的原因往往是一开始的时候注册出现了问题,导致后面纠纷不断。

笔者认为,珠宝首饰企业应该考虑注册下面类别的商标:

(1)第14类,即贵重金属、贵重金属制品或镀贵重金属制品类。

第14类的商品中,除了1404小类属于钟表及其零部件可能与珠宝首饰行业无关外,其他的小类商品,比如首饰盒、胸针等均与珠宝首饰有关系,都应该注册。

1404类钟表及其零部件是否注册,要看企业经营的长期规划。笔者建议也注册为好,因为现在出现了很多跨界产品,比如既可以认为属于钟表又可能认为属于首饰的产品,如果不进行注册可能对保护企业的品牌不利。

(2)第26类,即花边与刺绣、饰带和编带、纽扣、领纽扣、饰针和缝针、假花类。

这一类中,有下面一些商品可能存在注册的必要:发卡、胸针(服装配件)、发夹、发针、长别针、人造花等。

应该说第26类与第14类基本上是不一样的，第14类中的商品主要是装饰（修饰）性的，第26类的商品主要是实用性的。而随着市场的发展，很多贵重金属用到了实用性的产品上，而且兼顾实用性和装饰性，比如发针、人造花、发卡等。

如果珠宝首饰企业仅仅注册了第14类的商标，但是被其他企业注册了第26类相同的商标，则企业积攒的商誉有可能被他人利用，对企业的品牌保护不利。

（3）第25类，即服装、鞋、帽。

严格来说，服装类与珠宝首饰属于不同的产品。不过从行业上来讲，服装业和珠宝首饰业都属于时尚类行业，有一些创意可以用在服装上，也可以用在珠宝首饰上。另外，有些衣服上面的贵重金属饰品往往又属于珠宝首饰类；同时，对于同一品级的服装和珠宝首饰而言，其消费人群往往是重叠的。所以，实践中出现过两个行业的企业互相抢注对方商标的情况。如果珠宝首饰企业的商业版图中有服装类产品的话，需要注册该类别的商标。即使没有生产此类商标的计划，作为防御性商标进行注册也是可以考虑的选择。

综上，有的经营者把他人在第14类注册的商标注册到第26类和第25类。当遇到这种情况时，第14类商标的注册人往往会非常气恼，创建一个品牌不容易，搭便车或者囤积商标却很简单。现在注册商标的成本已经进一步降低，在商标注册阶段解决问题比出现商标争议之后再解决问题其成本要低得多，珠宝首饰企业可以考虑企业的发展规划，适当地、有远见地注册商标，打造好品牌建设的第一站。

商标的跨类保护

商标通过长时间的使用，保持商品的质量，提高商誉，最终使商标成为驰名商标，这是企业对商标进行跨类保护的最终之路。根据我国法律的规定，即使是在不同的商品类别上使用驰名商标的标识，容易造成混淆的，也会不予注册或者可以申请宣告商标无效。

法律规定

《商标法》第13条规定：

为相关公众所熟知的商标，持有人认为其权利受到侵害时，可以依照本法规定请求驰名商标保护。

就相同或者类似商品申请注册的商标是复制、摹仿或者翻译他人未在中国注册的驰名商标，容易导致混淆的，不予注册并禁止使用。

就不相同或者不相类似商品申请注册的商标是复制、摹仿或者翻译他人已经在中国注册的驰名商标，误导公众，致使该驰名商标注册人的利益可能受到损害的，不予注册并禁止使用。

《商标法》第22条规定：

商标注册申请人应当按规定的商品分类表填报使用商标的商品类别和商品名称，提出注册申请。

《商标法》第23条规定：

注册商标需要在核定使用范围之外的商品上取得商标专用权的，应当另行提出注册申请。

商标的注册虽然需要指定特定类别的商品和服务，但是企业往往希望这个标识跟自己建立起唯一的联系，全国甚至全世界只有自己能用这个商业标识，当相关公众看到这个商业标识时联想到的只有该企业的商品。例如，联想集团本来做的是电脑等IT产业，不做啤酒，在规划中估计也没有做啤酒的打算，但是有人在啤酒上注册了"联想"商标，联想公司不干了。联想公司先是向商评委提出商标异议，商评委认为不会造成混淆，维持了该商标。联想公司又向法院提起行政诉讼，最终法院判决撤销了商评委的裁定，联想公司胜诉。联想公司这么做就是要保护他的商标标识不被滥用，防止商标的淡化，保持商标标识与联想公司商品的唯一联系。因为同一个标识如果不能对应唯一的企业，那么一个企业宣传这个标识所做的努力可能就是几个企业共同分享，一个企业的商品质量出现问题可能影响所有使用该商标的企业。所以，很多企业不遗余力地保护商标与自己商品的唯一联系，即争取商标的跨类保护。那么，如何才能做到跨类保护呢？笔者认为可以采取以下几种措施。

一、前期的基础工作：用心选择商标标识

前期的准备工作往往是后期保护工作的基础，为了后期保护工作的顺利，前期准备工作要尽量做得充分更充分。中粮集团在选择葡萄酒商标的使用上选择了"长城"，应该说这不是一个明智的选择。中国使用"长城"作为自己商标的产品太多了，长城电风扇、长城汽车、长城润滑油，等等。所以，即使中粮集团在葡萄酒上使用的"长城"商标被法院认定为驰名商标也不能阻止他人在其他商品类别上使用该商标——

他人早已经注册在先了。商标是表示商品来源和质量的最重要的商业标记，当中粮集团不遗余力地宣传"长城"牌葡萄酒时，其他的"长城"牌产品也会沾光，这也是一种另类的"傍名牌"，不过这是合法的傍名牌，属于自己找着让别人傍。反之，如果有的"长城"牌商品粗制滥造，坑害消费者，那么对于"长城"品牌的破坏力也是非常大的，企业可能需要再一次宣传此"长城"非彼"长城"，用尽力气来划清界限，而这种努力即为一种潜在的风险，一种潜在的成本，应该尽量避免。

许多民营企业没有中粮集团这么财大气粗，可以把"长城"这么一个没有任何新意的商标做成驰名商标，也不想与他人分享努力的果实，那么，企业在选择商标时一定要慎之又慎。如埃克森石油公司将商标由ESSO改为EXXON花费了上亿美元。据称选择EXXON作为商标是考虑到了全球市场，这个词在任何一个国家都不会存在贬义，最重要的是这是一个以前没有的词汇，即臆造词，只与埃克森一家公司发生联系。如果其他的商家使用这一词汇或者与其相似的词汇，非常容易被认为属于恶意搭便车的行为。他人如果想把这个商标注册在其他商品类别上，即使注册成功，只要权利人提出商标评审程序，被裁定无效的可能性也是非常大的。目前我国也有许多臆造词作为商标，如"海尔""lenovo""纽曼"等，也取得了很好的效果。所以，企业在一开始就选择臆造词作为商标，以后企业的商品有了名气，他人再来模仿申请商标的时候可以提出商标异议或者商标无效，被支持的可能性也会大大增加，为实现跨类保护打下基础。

二、全类注册

有实力的企业在选择好自己的商标之后，可以考虑进行全类注册，即在商品分类表的每一个类别上均进行注册。全类注册具有以下好处。

（1）防止他人在本企业今后可能进入的行业、商品上注册。企业在发展之中，产品的链条也在发展。企业在注册商标的时候往往选择本企业目前生产的商品种类或者规划中生产的商品种类进行注册，但是随着企业的发展，可能和预想的发展方向发生偏离，生产经营的范围可能会扩展到以前没有规划的行业或者商品，届时如果发现本企业已经使用多年的商标在这个领域被他人注册了，再去重新选择商标，那么面临的将不但是自己的商标积攒的商誉不能传送，而且可能面临作为本企业竞争对手的商标的价值上有本企业的贡献部分。所以，未雨绸缪非常重要。

（2）防止他人在性质、用途存在冲突的商品上注册。符号是有传导功能的，所以在注册商标的时候大家都要选择让人看得舒服的符号。同样，不同商品使用同一符号也会存在传导功能。"康师傅"是方便面的商标，如果有人在卫生洁具上注册"康师傅"，恰好知道这一商标的人在食用"康师傅"方便面的时候会不会联想到不洁的东西呢？一家婚纱影楼的商标同时被人注册在殡葬业上，会不会让新人有一些忌讳呢？"娃哈哈"商标如果让他人注册在消毒水上，当有人在喝娃哈哈矿泉水的时候会不会感到味道有点不一样呢？这些都是符号的传导功能所导致的。而商标权人无法阻止他人在其他类别的商品上注册商标，即使是驰名商标也不能阻止他人在不会带来混淆的商品上注册相同的商标，没有人会认为生产"康师傅"坐便器的厂家是生产"康师傅"方便面的厂家。但是，这确实是商标权人所不愿意看到的。所以，全类注册是最好的方法，可以防止这一现象的出现。

全类注册也有其自身的缺点。

（1）花费比较大。相比单一类别注册费来说，全类注册的商标官费和代理费花费无疑大得多，但是相比可能产生的纠纷来说，还是很小的一部分成本，对于后期的保护来说却是事半功倍的。如果企业尚处于初级阶段，需要考虑这一部分费用，也可以先考虑在一些商品种类上注册联合商标，待经济许可的情况下再进行全类注册。

（2）实际不使用可能被撤销。为了防止注而不用的现象，商标法规定超过3年没有实际使用，他人可以申请撤销该注册商标。如果进行全类注册，相信任何一家公司也不能在所有的商品上进行实际使用。在国外有一些公司为了达到这一目的，每隔一段时间即生产一批与自己主业无关的商品，数量不多，只为达到法律上使用的目的。但是，已经有国外的判例认为这种为了规避法律的使用不属于商标法意义上的实际使用。中国目前尚无此类案例。

企业应该综合考虑全类注册的优缺点，选择适合本企业的商标注册方式。

三、驰名商标之路

商标通过长时间的使用，保持商品的质量，提高商誉，最终使商标成为驰名商标，这是企业对商标进行跨类保护的最终之路。根据我国法律的规定，即使是在不同的商品类别上使用驰名商标的标识，容易造成混淆的，也会不予注册或者可以申请宣告商标无效。如果一个商标已经成为驰名商标，比如可口可乐，那么全类注册的必要性就大大降低了。但是，大部分的商标正走在驰名商标的路上，该如何在打造驰名商标的同时进行跨类保护呢？可以考虑采取如下措施。

（1）选择一个好的商标，打下基础，其意义如前所述。

（2）进行全类注册或者注册联合商标，至少可以取得3年的时间，对一个迅速发展壮大的企业来说，3年的时间是非常有意义的。

（3）尽量不要更换商标。更换一次商标就意味着前期许多的努力都要浪费掉。

（4）保持商品质量。商标只是"标"，其本是"商誉"，商誉中最重要的是商品质量，发生质量问题商标就丧失了"本"，将丧失其价值，比如"三鹿"商标。

（5）持续不断地宣传。宣传对于一个企业的发展、企业商标的知名程度越来越重要，可能一个做了十年的老品牌其知名程度不如在中央电视台黄金时间做了一个月广告的新品牌，宣传越来越成为判断商标是否驰名的一个因素。

（6）进行驰名商标的认定。原国家工商管理总局每年都要进行驰名商标的认定工作，企业的申请是其认定的前提，所以企业可以根据自己的商标知名情况提出驰名商标的申请；司法诉讼中也是可以认定驰名商标的，在需要认定驰名商标的诉讼中，企业应该适时地提出诉讼请求。

（7）打假维权。再知名的商标也有可能被假冒伪劣产品搞得一文不值，再知名的品牌也可能因为品牌被稀释而价值下降。比如鳄鱼，因为鳄鱼的品牌被几家稀释，所以品牌价值已经大大下降。所以，打假维权是保持自己品牌价值的必选课题。

综上，因为商标标识的符号是一种有限的资源，所以法律往往把商标权的保护限制在一定的范围内——与注册商品的范围相同或者相似的商品。而企业对于利益的追求又往往希望得到跨类保护，这种情况下企业应该在法律的框架内选择合适的方式，保护自己的最大利益，预防企业法律风险。

代 后 记

既然选择了商标　便只顾风雨兼程[*]

"一晃,从事律师行业已将近10年,其中从事与商标相关的工作占了近一半的时间。同刚入行时相比,我不仅对商标法及相关法律法规有了更为准确和深入的认识,实践经验也更加丰富了。回顾过去的10年,可以用'既然选择了商标,便只顾风雨兼程'来形容。"充满诗意的话语驱走了冬日的寒冷,在这样温暖的氛围之下,赵虎开始将其与商标相识、相知的历程娓娓道来。

初识商标　做一名"杂家"

在谈及如何进入知识产权领域时,赵虎表示:"进入知识产权领域是'偶然中的必然':在本科阶段,关于知识产权的相关法律学习得比较扎实,在研究生阶段便顺其自然地选择了知识产权方向。随后,在研究生学习期间,为我们讲授课程的教授都是业内'大咖',正是这些'大咖'渊博的学识和生动的讲授,指点我进入知识产权法学的殿堂,坚定了我学习知识产权的决心和信心。"而在学习的时光中,赵虎兴奋并快乐着,他珍惜每一分时光,阅读法典时他就是一个"武痴":法律法规就像是武侠小说中的招招式式印入脑海,让他十分着迷。学习的时光如白驹过隙,毕业来临之际,赵虎放弃回到家乡过安逸、舒适的生

---

[*] 本文原载《中国知识产权报》2016年1月15日第8版。

活,选择了留在北京打拼。赵虎充满自信地说:"我是中国最好的法学院走出的学子,我坚信我国的法制建设和国家的发展将越来越好,所以我要留在首都完成我的梦想。"

对于如何与商标领域结缘,赵虎心怀感恩地说道:"写毕业论文时,正值'三鹿奶粉'事件发生,在与导师探讨论文的主题时,指导老师认为'三鹿奶粉'事件包含很多与商标法有关的问题,建议并鼓励我进行研究。听从了老师的指导建议后,我便以《商标所有人的产品责任》为题完成了硕士论文。完成这篇论文的过程是我对商标法的真正意义上的一次深入研究,由此我便与商标领域结下了不解之缘。"

据了解进入律师行业后,赵虎并没有局限于办理知识产权案件,更没有局限于办理商标类案件。赵虎表示:"法学专业细分为民法、刑法、知识产权法等,知识产权法又可以细分为商标法、专利法、著作权法等。这是法学专业的细分,并非生活的细分。在生活中,当事人遇到的往往是一个个具体的问题。这些问题可能是有关商标法的,但是往往又是单靠商标法的知识无法解决的。作为一名律师,刚开始的时候应该广泛接触各种类型的案件,经过一段时间的历练之后,再选定自己的专业方向,才能取得长远进步。"

"只要心中有知识产权,又何必朝朝暮暮。"赵虎引用其指导老师的一句话,并践行着这句话,接手各种类型的案件,离婚、交通事故、债权债务纠纷、公司股权纠纷,当然也特别关注和办理了数起侵犯注册商标专用权的案件。

每一起案件的办理都是一次弥足珍贵的实践,为赵虎之后办理商标领域的案件积累了丰富的经验和知识。赵虎称:"其中一起侵犯注册商标专用权的案件是'红星'商标维权案,我代理被告。在代理该案时发现,一起貌似简单的商标侵权案件涉及的法律规定却非常多,要求律师有深厚的法律知识储备。该案涉及产品责任法、公司法、合同法、反不正当竞争法等多部法律规定，仅仅懂得商标法的规定是远远不够的，可见平时的积累非常重要。"

相知商标 做一名"专家"

"前途是光明的，道路是曲折的。"每一名律师都想成为一名专业律师。但是做一名专业律师不能空谈，没有深厚的理论功底和实践经验，专业度只是纸上谈兵。每一个刚入行的律师都面临案源的问题，想做专业律师，但是未必就能接到自己想要的专业的案件。如果没有案件，很难积累实践经验，所以，专业律师其实是靠一个个具体的案件慢慢成长起来的。

赵虎表示："刚开始的时候，我也为没有知识产权类尤其是商标类案件而焦虑。后来经过苦苦思索，我想出了几个方法解决专业案件数量少的问题。首先，珍惜接到的每一个案件，做好手里的每一起案件。如代理'九牧王'商标侵权案时，除了查找相关法律规定，基本上又重新翻了一遍商标法和反不正当竞争法，以防止遗漏任何一个与案件有关系的理论点。其次，每做一个案件，都会总结其中的知识点和难点，写总结性文章或者研究性文章，争取通过一个案件搞懂一类案件。后来发现这个方法非常管用，不但进一步理解了法律规定和法学理论，而且留下了很多专业性的文章。这些文章刚开始发到自己的博客上，后来得到相关媒体的认可相继刊发。再次，关注每一次立法、司法解释的修改，并且提出自己的意见；关注每一个有影响力的案件，分析其中的问题和法官的裁判思路。律师是一个终身学习的行业，尤其是知识产权律师。商标法平均每10年进行一次较大的修改，中间会有范围较小的修改和司法解释的出台。最后，商标法理论的发展使得人民法院对法律的理解与适用发生变化，看似法律没有修改，其实已经修改。如果不加强学习，很快便会被淘汰。上面提到的这几点，既有力地帮助我走上专业化的道路，也帮我形成了良好的工作习惯。"

2013年开始，赵虎担任律师事务所负责知识产权业务的合伙人，不但要办理自己的案件，还要带好团队。如何增强团队的业务能力，打造一支优秀并且有差异化的团队，发挥"1+1>2"的作用，成为赵虎开始思考的问题。

赵虎表示："相比其他专业，商标法律事务具有很强的专业性。如果没有对知识产权进行过系统的研究，那么商标法仅仅是本科课程中学的一门不重要的课程而已。近几年，人们知识产权意识不断增强，想投身从事知识产权行业的律师越来越多，但是其中大部分并非知识产权专业的研究生，也没有专门学习过知识产权。当时我带的团队中就有这种情况，几位律师热情高涨，但是专业度不够，而知识产权类尤其是商标法律事务是极其讲究专业度的。"

"对于现在，心存感恩；对于未来，心怀憧憬。感谢生长在知识产权发展的大背景下，求真务实做好眼下工作，满怀信心迎接未来的挑战，在风雨中接受锻炼、不断成长。"赵虎表示。

编辑手记（《中国知识产权报》）

从事知识产权行业将近10年，回首与商标领域的不解之缘，赵虎的从业经历是一步一个脚印踩出来的逐梦之旅。一路走来，赵虎始终坚守着心中的那一份执着与信念：怀揣梦想，开启了知识产权征程；孜孜不倦，践行着自己心中那份理念。对于赵虎而言，律师不仅是一个身份，更是一份使命。作为专业的知识产权律师，他曾获得过很多荣誉与认可，但是赵虎仍然将自己作为一名新人，每一次办理案件都抱着第一次接到案件时的激情与责任感、态度谦卑、认真细致。

"心存感恩，心怀憧憬。"同赵虎一样，在我国知识产权事业快速向前发展的当下，面对新形势与新挑战，知识产权从业者们百折不挠、躬耕不辍，在知识产权的舞台上饰演着不同的角色，共同描绘着我国知识产权事业的宏伟蓝图。